MARCO POLO

CHILE

W0301969

MARCO POLO Autor

Malte Sieber

Seit 25 Jahren lebt Malte Sieber in Santiago de Chile und bereist von hier aus das Land – immer mit Kamera und Notizblock. Das Fernweh und die Liebe führten den Journalisten einst aus Berlin nach Chile, wo er als Reiseautor und Mitgründer der Agentur ContactChile seither anderen seine Faszination für das vielfältige Land vermittelt.

REIN INS ERLEBEN

Mit dem digitalen Service von MARCO POLO sind Sie noch unbeschwerter unterwegs: Auf den Erlebnistouren zielsicher von A nach B navigieren oder aktuelle Infos abrufen – das und mehr ist nur noch einen Fingertipp entfernt.

Hier geht's lang zu den digitalen Extras:

http://go.marcopolo.de/chl

Touren-App

Ganz einfach orientieren und jederzeit wissen, wo genau Sie gerade sind: Die praktische App zu den Erlebnistouren sorgt dank Offline-Karte und Navigation dafür, dass Sie immer auf dem richtigen Weg sind. Außerdem zeigen Nummern alle empfohlenen Aktivitäten, Genuss-, Kultur- und Shoppingtipps entlang der Tour an.

HTTP://GO.MARCOPOLO.DE/CHL

Update-Service

Immer auf dem neuesten Stand in Ihrer Destination sein: Der Online-Update-Service bietet Ihnen nicht nur aktuelle Tipps und Termine, sondern auch Änderungen von Öffnungszeiten, Preisen oder anderen Angaben zu den Reiseführerinhalten. Einfach als PDF ausdrucken oder für Smartphone, Tablet oder E-Reader herunterladen.

SYMBOLE

- INSIDER TIPP Insider-Tipp
- ★ Highlight
- ●●●● Best of ...
- Schöne Aussicht
- Grün & fair: für ökologische oder faire Aspekte
- (*) kostenpflichtige Telefonnummer

PREISKATEGORIEN HOTELS

€€€	über 120 Euro
€€	70–120 Euro
€	unter 70 Euro

Die Preise gelten für zwei Personen im Doppelzimmer pro Nacht mit Frühstück

PREISKATEGORIEN RESTAURANTS

€€€	über 25 Euro
€€	15–25 Euro
€	unter 15 Euro

Die Preise gelten für ein Menü mit Vorspeise, Hauptgang, Nachtisch, Getränk (inkl. Bedienung)

 Titelthemen: Vielfältiges Leben – Atacamawüste S. 47, 92 | Am Südzipfel – Patagonien S. 78

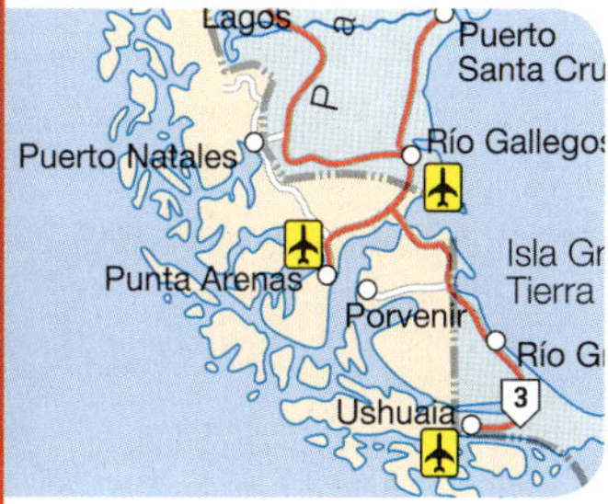

GUT ZU WISSEN
Geschichtstabelle → S. 14
Spezialitäten → S. 28
Weinkeller → S. 60
Bücher & Filme → S. 65
Deutsch-Chilenen → S. 76
Ans Ende der Welt → S. 82
Feiertage → S. 109
Währungsrechner → S. 113
Was kostet wie viel? → S. 114
Wetter → S. 116

KARTEN IM BAND
(124 A1) Seitenzahlen und Koordinaten verweisen auf den Reiseatlas
(0) Ort/Adresse liegt außerhalb des Kartenausschnitts
Es sind auch die Objekte mit Koordinaten versehen, die nicht im Reiseatlas stehen
(U A1) Koordinaten für die Karte von Santiago de Chile im hinteren Umschlag

(*A–B 2–3*) verweist auf die herausnehmbare Faltkarte
(*a–b 2–3*) verweist auf die Zusatzkarte auf der Faltkarte

UMSCHLAG VORN:
Die wichtigsten Highlights

UMSCHLAG HINTEN:
Karte Santiago de Chile

INSIDER TIPP Farbenprächtige Blumen in der Einöde

Alle paar Jahre regnet es mal in der *Atacamawüste,* dann gibt's den „Desierto Florido", und bunte Blütenteppiche sprießen im graubraunen Einerlei (Foto o.) → S. 32

INSIDER TIPP Augen ins All

Auf dem *Cerro Paranal* bei Antofagasta richten sich die größten Teleskope der Welt ins Universum – und interessierte Besucher sind willkommen → S. 34

INSIDER TIPP Zum UFO-Landeplatz

Wandern Sie zum mysteriösen Tafelberg *Enladrillado* im Andenschutzgebiet Altos de Lircay, und halten Sie nach Außerirdischen Ausschau → S. 105

INSIDER TIPP Öko-Märchen

Ein US-amerikanisches Millionärspaar rettet die Regenwälder Südchiles im privaten Naturpark *Pumalín* – und fördert den sanften Tourismus → S. 81

INSIDER TIPP Fast wie Karibik

Endlose Strände, ein türkisfarbenes Meer und weißer Sand in *Bahía Inglesa* bei der Hafenstadt Caldera in Nordchile – nur das Wasser des Pazifik ist etwas kühl → S. 41

INSIDER TIPP Boheme-Treff

Müßiggang mit Stil: In Santiagos Künstlerviertel *Lastarria* können Sie abends durch die zahllosen Kneipen und Kunstgalerien bummeln, Wein verkosten und Geschenke besorgen → S. 52

INSIDER TIPP Tango am Hafen

Lauschen Sie bei einem Gläschen den melancholischen Klängen im *Cinzano,* einer urigen Bar der Hafenstadt Valparaíso, in der die Zeit stillzustehen scheint → S. 66

INSIDER TIPP Die letzte Kneipe

Auf einen Pisco sour ins *Micalvi:* Ein gekenterter deutscher Dampfer dient im Yachthafen von Puerto Williams als die südlichste Bar der Welt → S. 83

INSIDER TIPP Vulkanlandschaft

Im *Valle de Lonquimay* bei Temuco ragen prächtige Araukarien aus der surrealen vulkanischen Aschelandschaft hervor → S. 74

INSIDER TIPP Lautlos durch die Lüfte schweben

Als zahlender Passagier in einem *Segelflugzeug* ohne Motorenlärm über die Berge und das Häusermeer der Hauptstadt gleiten – der Segelfliegerclub von Santiago macht's möglich → S. 56

INSIDER TIPP Ohrenschmaus am See

Im modernen *Teatro del Lago* in Frutillar mit dem Vulkanblick und der einzigartigen Akustik geben sich Musiker aus aller Welt die Klinke in die Hand → S. 72

INSIDER TIPP Hoch oben in den Anden

Eine abenteuerliche Rundfahrt über den einsamen *Altiplano* zu Vulkanen und Salzseen, Naturthermen und Geysiren, Lamas und Flamingos → S. 37

INSIDER TIPP In Pisco Veritas

Ein Gläschen in Ehren kann niemand verwehren: In der rustikalen Pisquería *Fundo Los Nichos* bei Pisco Elqui wird seit über 150 Jahren der chilenische Nationalschnaps aus Trauben gebrannt – na denn Prost! → S. 46

INSIDER TIPP Auf Pazifikwellen reiten

Ohne wärmenden Thermoanzug sollten Sie sich nicht ins recht kühle Pazifikwasser wagen, dafür entschädigen die prächtige Brandung mit ihren idealen Wellen und die heißen Partys der internationalen Fan-Gemeinde in der Surfer-Hochburg *Pichilemu* → S. 105

INSIDER TIPP Rodeo auf chilenisch

Mehr als ein folkloristisches Spektakel: Stolze Huasos (die chilenische Entsprechung für Gauchos) reiten, typisch mit Poncho und Strohhut gekleidet, auf geschickten Pferden beim unblutigen Stiertreiben – mit spannendem Finale in *Rancagua* (Foto u.) → S. 108

BEST OF ...

TOLLE ORTE ZUM NULLTARIF

Neues entdecken und den Geldbeutel schonen

SPAREN

● *Den Sternguckern zuschauen*

Den 300 klaren Nächten über der Atacamawüste ist es zu verdanken, dass einige der größten Observatorien der Welt hier ihre Augen ins All richten. Die faszinierenden Anlagen können – freilich tagsüber – kostenlos besichtigt werden. So die auf dem *Cerro Paranal* → **S. 34**

● *Die größte Grube der Welt*

Im gigantischen Tagebau *Chuquicamata* in der Atacamawüste wird Chiles wertvollster Schatz aus der Erde geholt: Kupfer. Die beeindruckenden Anlagen können Sie kostenlos besuchen; die Anmeldung mehrere Tage vorher ist allerdings nötig → **S. 40**

● *Museen, Museen, Museen ...*

Seit 2015 sind alle staatlich verwalteten Museen gratis – darunter Kunstsammlungen wie das *Museo de Bellas Artes* in Santiago und das faszinierende Archäologische Museum *(Museo Arqueológico)* in La Serena → **S. 54, 44**

● *Kunstvolle Metrostationen*

Nehmen Sie sich Zeit beim Ein- und Aussteigen in der Metro von Santiago: In mehreren Stationen sind großflächige Werke chilenischer Künstler zu bewundern, etwa von Francisco Smythe *(Baquedano)*, Mario Toral *(Universidad)* oder Guillermo Muñoz *(Moneda)* → **S. 54**

● *Am Mapuche-Webstuhl*

Von der Spinnspule über das Färben mit Pflanzensaft bis zum Webrahmen: Auf dem Gelände der Fair-Trade-Stiftung *Chol-Chol* bei Temuco zeigen Mapuche-Frauen kostenlos, wie ihre schönen Textilarbeiten entstehen → **S. 75**

● *Einmal Präsident spielen*

Schön restauriert und wieder mit dem original cremefarbenen Anstrich versehen, öffnet der Regierungspalast *La Moneda* in Santiago seine Tore auch für Besucher (nach Voranmeldung). Zweisprachige Guides führen kostenlos durch Innenhöfe und ausgewählte Salons (Foto) → **S. 55**

●●●● Diese Punkte zeichnen in den folgenden Kapiteln die Best-of-Hinweise aus

TYPISCH CHILE
Das erleben Sie nur hier

Wie auf dem Mond
Ein Ort wie aus dem Science-Fiction-Film: die in allen Farben schillernden Felsspitzen und Salzberge im *Valle de la Luna* bei San Pedro de Atacama. Setzen Sie sich auf eine Sanddüne, lassen Sie den Blick schweifen zu den Vulkankegeln am Horizont, und warten Sie, bis die Abendsonne das Panorama in ein unwirkliches Licht taucht (Foto) → S. 49

Genuss für die Sinne
Auf zum Sinnesrausch auf Santiagos größtem Obst- und Gemüsemarkt *La Vega Central!* Ob saftige Pfirsiche, süße Melonen oder reife Avocados – an den Ständen häufen sich die natürlichen Leckereien, angepriesen von unermüdlichen Marktschreiern – probieren Sie, wo Sie nur können! → S. 53

Einsame Urwaldstraße
Erst vor wenigen Jahren wurde in die unwegsamen Gebiete südlich von Puerto Montt eine Straße getrieben. Die 1200 km lange *Carretera Austral* quert tausendjährige Nebelwälder und reißende Flüsse, führt vorbei an stillen Pazifikfjorden und vielarmigen Seen – bis es am Patagonischen Eisfeld nicht mehr weitergeht → S. 80

Die grüne Insel
Der Wechsel der Winde und Gezeiten hat die Bewohner der grünen Insel *Chiloé* geprägt. Die Muschelfischer und Kartoffelbauern spinnen ihr Garn auf die langsame, bedächtige Art, sitzen am Ofen und erzählen wilde Geschichten von Kobolden und Geisterschiffen → S. 68

Per Schiff ans Ende der Welt
Der patagonische Wind zerrt an der Jacke, stolze Albatrosse ziehen vorbei, Delfine springen aus den Wellen. Und dann leuchtet blau ein Gletscher zwischen den Nebelbänken am Ufer des Fjords hervor ... Auf mehreren *Schiffstouren* kann man man den Südzipfel des Kontinents vom Wasser aus erleben→ S. 82

Bei putzigen Pinguinen
Man muss nicht bis in die Antarktis fahren, um Pinguine zu sehen! Bei Punta Arenas gibt es mehrere Kolonien der zutraulichen Magellanpinguine – am eindrucksvollsten ist jene auf der *Isla Magdalena* → S. 87

TYPISCH

BEST OF ...

SCHÖN, AUCH WENN ES REGNET

Aktivitäten, die Laune machen

Im Bauch von Santiago

In der gusseisernen *Markthalle* im Zentrum der Hauptstadt können Sie nicht nur Obst und Gemüse, Fisch und Fleisch kaufen, sondern auch in vielen Lokalen sitzen, dem bunten Treiben zusehen und wunderbar schlemmen (Foto) → S. 55

Holzkirchen ohne Nagel

Die Insel *Chiloé* kann sich über mangelnden Regen nicht beklagen. Vor einem Schauer fliehen Sie am besten in eine der 150 Holzkirchen – alle ohne einen einzigen Nagel gefügt und meist mit farbigen Schindeln verkleidet, wie z.B. die Kathedrale von Castro → S. 70

Im tiefen Keller

Zumindest einen Tag, an dem das Wetter mal nicht mitspielt, können Sie zu dem Besuch einer der großen Weinkellereien vor den Toren Santiagos nutzen. Bei *Concha y Toro* z.B. werden täglich Führungen durch die heiligen Hallen mit Verkostungen angeboten → S. 60

Technik zum Anfassen

Wissenschaft und Technik zum Anfassen und spielerischen Begreifen – das ist das Konzept des *Museo Interactivo Mirador (MIM)* am Stadtrand von Santiago. Ein wundervoller (Regen-)Tag für Neugierige → S. 107

Nervenkitzel für Sportliche

Wer Action sucht, der ist im Indoor-Sportzentrum *Mall Sport* in Santiago richtig. Auf einer künstlichen Welle kann man Surfen lernen und auf dem Air Trail in 30 m Höhe balancieren → S. 56

Bei den Neureichen von einst

Im *Palácio Braun-Menéndez* in Punta Arenas bekommen Sie ein Bild davon, wie fürstlich die meist gänzlich unadligen, aber neureichen Besitzer der riesigen Schaffarmen in der Pampa einst lebten ... → S. 86

REGEN

ENTSPANNT ZURÜCKLEHNEN

Durchatmen, genießen und verwöhnen lassen

Die Wärme der Erde

Ob in Naturthermen des Altiplano, am Vulkan Villarrica oder an einem patagonischen Fjord – entlang der Anden sprudelt in ganz Chile wohliges Badewasser aus der Erde, vielfach mit ausgefeilten Wellnessangeboten. Besonders schön: die *Termas Geométricas* bei Pucón → S. 77

Entspannung im Weintal

Eins der bekanntesten Weintäler des Landes, das *Valle de Colchagua,* lockt mit abwechslungsreichen Touren durch Weinfelder und Kellereien (Foto). Im Hotel *Santa Cruz Plaza* können Sie sogar in Wein baden – das *Inka Spa* steht auch Tagesgästen offen → S. 62

Auf dem Wasser schweben

Einmal wie im Toten Meer reglos auf dem Wasser treiben und dabei im Marco Polo blättern – das können Sie in der *Laguna Cejar,* einem hochgradig salzigen See mitten in der Atacamawüste – Badesachen nicht vergessen! → S. 49

Vom Reisestress erholen

Im Liegestuhl am sonnenwarmen Schwimmbad sitzen, den Blick über üppiges Grün zum Fluss schweifen lassen, einen Pisco sour schlürfen und Tagebuch schreiben – in ländlichen Gästehäusern wie der *Casa Chueca* bei Talca können Sie mal Pause machen vom Reisen → S. 60

Man gönnt sich ja sonst nichts ...

Um die Chile-Reise stimmungsvoll ausklingen zu lassen, gibt es keinen besseren Ort als das Boutiquehotel *The Aubrey,* ein zauberhaft restauriertes Stadtpalais im Viertel Bellavista in Santiago. Auch gut für ein intimes Abendessen! → S. 57

Nach der großen Wanderung

Genau das Richtige nach einer mehrtägigen Rucksacktour durch den Nationalpark Torres del Paine. Im Hotel *Noi Indigo* in Puerto Natales wieder in die Wohltaten der Zivilisation eintauchen: Sauna, Massagen, temperierte Schwimmbecken mit Meerblick ... → S. 84

AUFTAKT

ENTDECKEN SIE CHILE!

Verkehrt und doch vertraut: Dieses Gefühl stellt sich ein, wenn Sie sich nach 16 Stunden Flug auf die Plaza de Armas, den Hauptplatz von Santiago, setzen und den Blick schweifen lassen. Verkehrt ist die Jahreszeit hier auf der Südhalbkugel. Vielleicht sind Sie im Herbst abgeflogen und finden sich nun im Frühling wieder. Die Sonne steht zu Mittag zwar im Norden, aber sie wärmt zuverlässig. ***Vertraut europäisch ist die Szenerie:*** hier spanisch anmutende Arkaden, dort ein stolzes Palais, an der Ecke ein moderner Spiegelglasturm neben der neoklassizistischen Kathedrale. Vertraut auch die Gesichter der Menschen: typische Latinos? Fehlanzeige! Geschäftsleute in Designeranzügen, kichernde Schulmädchen, Büroangestellte, Managerinnen mit Smartphone am Ohr.

Auf der Plaza sitzen Sie im Auge des Hurrikans: Während ringsum ***das Leben der Millionenstadt pulsiert***, verfallen die Menschen hier in den Schlenderschritt, schauen den Schachspielern über die Schulter oder lauschen einem Streichquartett. Das Klischeebild einer chaotischen lateinamerikanischen Metropole erweist sich als unzutreffend: Ruhig und zivilisiert geht es hier zu, kaum ein Bettler fleht Sie an, kein Taxifahrer hupt Ihnen hinterher – nur ein Laienprediger ringt vielleicht lautstark

Bild: Laguna Verde vor dem Torres-del-Paine-Massiv

Die Plaza de Armas in Santiago – das Zentrum einer modernen Metropole

um Aufmerksamkeit. Freilich verstehen Sie die Leute anfangs kaum, auch wenn Sie glauben, Spanisch zu können: Die Chilenen sind Meister im Schnellsprechen und Verschlucken von Endungen.

Aufgeschlossen: Mit Chilenen kommt man schnell ins Gespräch

Und doch kommen Sie schnell ins Gespräch mit dem Banknachbarn, der Zeitung liest, oder dem Straßenverkäufer, der sich als Deutschstudent entpuppt. Die Chilenen sind ***unaufdringlich, aber neugierig und ernsthaft interessiert*** an Besuchern aus dem fernen Europa. Woher, wohin, „¿Te gusta Chile?" (Gefällt dir Chile?) sind stets die ersten Fragen. Und dann stellt sich heraus, dass der Schwager einer Tante mal in Hamburg gelebt hat genau wie Sie, und im Nu sind Sie ein *amigo* und zum Grillen eingeladen.

um 13 000 v. Chr. Erste Besiedlung des heutigen Chile von Nordosten her

um 6000 v. Chr. Chinchorro-Jägerkultur bei Arica; die Toten werden als Mumien im Sand bestattet

1470 Das Inkaimperium dehnt sich bis nach Mittelchile aus

1535 Diego de Almagro stößt von Peru nach Chile vor

1540 Pedro de Valdivia wird Gouverneur von Chile und gründet ein Jahr später Santiago

18. Sept. 1810 Bildung der ersten Nationalregierung. Nach 8-jäh-

Dass Chile zu überraschen versteht, haben Sie schon beim Anflug auf Santiagos Flughafen bemerkt. Gleich hinter dem

Naturschönheiten von unendlicher Vielfalt

Häusermeer ragt die schneebedeckte Andenkette auf und lässt erahnen, welche Naturschönheiten das Land bereithält. Chile liegt am Ende der Welt, aber welch ein furioses Ende ist das! Die Sage geht, Gott habe nach der Erschaffung der Welt die Überreste hinter das letzte Gebirge gekehrt – und da sind sie: ***Vulkane, Regenwälder, Wüsten, Steppen, Gletscher, Flüsse, heiße Quellen und endlose Strände***. Kein anderes Land vereint so viele landschaftliche Kontraste und Klimazonen wie Chile. Schon die Form sucht ihresgleichen: ein im Schnitt nur etwa 180 km breiter, aber 4300 km langer Streifen, eingezwängt zwischen der bis zu 7000 m hohen Kordillere im Osten und dem Pazifischen Ozean im Westen. Auf Europa projiziert, reicht Chile von Nordnorwegen bis in die Sahara! Dabei ist Chile zwar mit rund 750 000 km^2 mehr als doppelt so groß wie Deutschland, wird aber von nur 17 Mio. Menschen bewohnt, und die meisten drängen sich zudem in der fruchtbaren Zentralzone. Große Teile des Landes, die Wüsten des Nordens ebenso wie die Anden und die Fjordlandschaft Patagoniens, sind nur dünn besiedelt.

Schon für die ***spanischen Eroberer*** spielte der abgelegene Landstrich nur eine untergeordnete Rolle, fanden sie doch hier weder Gold noch Silber. Mit ein paar Forts und Proviantlagern an der Küste garantierten sie den Seeweg ums Kap Hoorn, und die Haziendas in Mittelchile lieferten Lebensmittel ins Vizekönigreich Peru. Weiter südlich verteidigten die Mapuche über Jahrhunderte ihre angestammten Siedlungsgebiete.

rigem Befreiungskrieg ruft Bernardo O'Higgins die Unabhängigkeit aus und setzt sich an die Spitze der jungen Republik

ab 1829
Chile gewinnt als Nationalstaat Kontur; Entdeckungen von Silber- und Salpetervorkommen

1879–84
Pazifischer Krieg („Salpeterkrieg") gegen Bolivien und Peru um die Nitratvorkommen in der Atacamawüste. Chile gewinnt Territorien hinzu

ab 1884
Der Salpeterbergbau wird Chiles wichtigster Wirtschaftszweig

Der Kampf um Bodenschätze prägte die Geschichte

Erst ab Mitte des 19. Jhs., nach dem Sieg der Unabhängigkeitsbewegung über die spanischen Truppen und der Gründung der Republik Chile, wurde der Süden von ***Kleinbauern und Handwerkern aus Mitteleuropa*** kolonisiert – darunter viele Deutsche. Allmählich dehnte der junge Staat sein Hoheitsgebiet aus. Als der Abbau von Salpeter lukrativ wurde, eroberten die Chilenen die Atacamawüste. Im Wettlauf um die Kontrolle der Magellan-Straße zeigten sie auch am Südzipfel des Kontinents Flagge, schließlich annektierten sie sogar die 3800 km vor der Küste gelegene Osterinsel.

Ende des 19. Jhs. begann der ***industrielle Abbau von Kupfererzen***, und Chile stieg zum weltgrößten Produzenten des roten Metalls auf. Die einseitige Abhängigkeit von der Rohstoffausfuhr hat immer wieder zu Krisen geführt – bis heute zittern Wirtschaft und Staat, wenn der Kupferpreis fällt. Auch andere erfolgreiche Branchen wie die Land- und Forstwirtschaft setzen hauptsächlich auf die (oft wenig umweltschonende) Ausbeutung natürlicher Ressourcen und den Export von Primärprodukten: Chilenische Erd- und Blaubeeren gehen per Luftfracht in die Supermärkte der Nordhalbkugel, ebenso Avocados, Wein und Tiefkühlfisch. Den Aufbau einer verarbeitenden Industrie hat Chile jedoch bislang versäumt.

Das Wirtschaftswachstum der letzten zwei Jahrzehnte hat Chile den Status eines Schwellenlandes und einer wachsenden Mittelschicht ***relativen Wohlstand*** beschert. Zwar lebt offiziell immer noch ein Siebtel der Bevölkerung unterhalb der Armutsgrenze, doch im internen lateinamerikanischen Vergleich schneidet Chile, was die wirtschaftliche Stabilität und den Lebensstandard angeht, gut ab. Dies ist nicht zuletzt dem Fleiß und dem Ehrgeiz der Chilenen geschuldet. Sie gelten als die ***„Preußen des Kontinents“***; Korruption und Schlendrian halten sich in Grenzen, und fast nirgends auf der Welt wird so lange gearbeitet wie hier (1990 Stunden im Jahr). Auch politisch hat Chile zu jener Stabilität zurückgefunden, die das Land bis 1973 vom Rest Lateinamerikas abhob. Damals putschte das Militär gegen den linken Präsidenten Salvador Allende und seinen ***„chilenischen Weg zum Sozialismus“***. Bis 1990 herrschte General Augusto Pinochet als Diktator mit eiserner Hand, bevor er sich freiwillig abwählen ließ. Die Spuren von drei Jahren sozialistischem Experiment und 17 Jahren Militärdik-

- **1929/30** Weltwirtschaftskrise trifft Chile schwer
- **1960** Schweres Erdbeben in Südchile (9,5 auf der Richterskala): 5000 Tote
- **1966–71** Verstaatlichung des Kupferbergbaus; Gründung des staatlichen Konzerns Codelco, heute größtes Kupferunternehmen der Welt
- **1970** Der Sozialist Salvador Allende wird zum Präsidenten gewählt
- **11. Sept. 1973** Blutiger Putsch von General Augusto Pinochet; es folgen 17 Jahre Diktatur

Unbeeindruckt von den mächtigen Steinfiguren, den Moais, grasen Pferde auf der Osterinsel

tatur verschwinden in den Köpfen nur sehr langsam. Eine echte Aufarbeitung dieses nationalen Traumas steht noch immer aus.

Perfektes Reiseland mit Abenteuergarantie

Chile ist seiner Randlage überdrüssig geworden und der Welt nahe gerückt: durch politische Integration, durch Freihandelsabkommen z. B. mit der EU und nicht zuletzt durch den Tourismus. Nirgends in Südamerika können Sie so ***sicher und unbekümmert reisen*** wie zwischen Arica und Puerto Williams. Ein guter Rat: Unterschätzen Sie die Entfernungen nicht! Das Land verfügt zwar über ein gutes Verkehrsnetz, doch jenseits der urbanen Zentren endet der Asphalt, verstummt das Handy, sind es plötzlich 100 km bis zur nächsten Siedlung. Die Reise ins ***Land am Ende der Welt*** ist immer noch ein Abenteuer, wenn auch ein kalkulierbares. Bringen Sie genügend Zeit mit, oder begnügen Sie sich mit einer Region – und kommen Sie im nächsten Jahr wieder!

1989 Pinochet wird abgewählt; friedliche Rückkehr zur Demokratie

ab 1990 Chile setzt auf die Öffnung zum Weltmarkt (Freihandelsabkommen), ausländische Investitionen und die Bekämpfung der Armut

2006 Als erste Frau tritt Michelle Bachelet das höchste Staatsamt an

2010 Ein schweres Erdbeben (Stärke 8,8) in Mittelchile fordert ca. 600 Todesopfer

2014–18 Zweite Regierungszeit für die Sozialistin Michelle Bachelet

IM TREND

1 Dünenreiter

Aktiv Zwischen schneebedeckten Bergen und tosender Brandung haben Brettliebhaber eine Zwischenwelt entdeckt: in den Sanddünen des Landes. Am besten sandboarden lässt sich auf den bis zu 120 m hohen Dünen bei San Pedro de Atacama. Wer noch nie auf einem Brett stand, wendet sich dort an *Atacama Connection (Calle Caracoles)* oder *Vulcano (www.vulcanochile.com)*, die beide auch Bretter verleihen.

2 Anziehend

Mode Für Furore in der Modeszene sorgt *Raíz Diseño,* eine Plattform junger Modemacher und Juweliere, die lokale Materialien und ethnische Muster in moderne Designs einfließen lassen, vor Ort produzieren und dabei auf Nachhaltigkeit und faire Bedingungen Wert legen. Zu kaufen etwa bei *Mo-Store, Local 9F* und *Juanita de León,* drei Modeläden in der *Galería Drugstore (Av. Providencia 2124)* in Santiago, oder im Schmuckgeschäft *Ají (Lastarria 316).*

3 Küchenexperimente

Kulinarisch Die ursprünglich bodenständige chilenische Küche wandelt sich: Junge Küchenchefs haben sich auswärts inspirieren lassen und setzen auf die Fusion heimischer Tradition mit modernen Trends. Sie holen grüne Algen, violette Kartoffeln und weiße Erdbeeren auf den Tisch, experimientieren mit Quinoa und kochen mit Wein. Rodolfo Guzmán etwa kredenzt im *Boragó (Nueva Costanera 3467 | Vitacura | www.borago.cl)* in Santiago lokale Zutaten in überraschendem Gewand, und Juan Manuel Pena setzt im *Peumayén* (s. S. 56) auf die Rezepte der Ureinwohner. Im Trend sind auch „Probiermenüs": statt derüblichen drei Gänge gibt es ein Dutzend kleiner, aber feiner Kreationen zu kosten.

In Chile gibt es viel Neues zu entdecken. Das Spannendste auf diesen Seiten

Chile per Rad

4

Auf Entdeckungsreise Die Chilenen kommen auf den Geschmack und fahren mehr und mehr Fahrrad. Nicht nur in Santiago, wo ein Radwegenetz entstanden ist. In Zentral- und Südchile kann man abseits großer Straßen die langsame, ursprüngliche Seite des Landes kennenlernen. Wer das nicht auf eigene Faust wagen will, bucht eine Radreise, bei der man auch mal ins Begleitfahrzeug umsteigen kann, wenn die Beine schlappmachen. *Wikinger (www.wikinger-reisen.de)* bietet eine Rundtour mit zwei Andenquerungen. Weniger schweißtreibend geht's mit dem E-Bike, etwa auf einer Rundfahrt durch das Seengebiet mit *Wigwam (www.wigwam-tours.de)*. Wem das zu viel ist, der erkundet Santiago oder die Weingüter der Umgebung auf einer Tagesradtour *(www.biketours.cl)*.

Fusión latinoamericana

5

Musik Die Musikszene des Landes ist mehr als spannend – und sie ist bunt! Denn hier treffen viele Einflüsse aufeinander. Spa, Reggae, Cumbia werden von *La Floripondio (www.facebook.com/vacunaska)* vermischt, während *Chico Trujillo* Blechbläser, Akkordeon und Co. zu Acid Cumbia vermengen. Das Kollektiv *Banda Conmoción (www.bandaconmocion.cl)* setzt ebenfalls auf eine bunte Instrumentenmischung und verknüpft Dutzende südamerikanischer Musikstile. Die Fusion von Hip-hop mit lateinamerikanischen Rhythmen und Sozialkritik hat die Rapperin *Anita Tijoux (www.anitatijoux.cl)* weit über Chile hinaus bekannt gemacht. In der Hauptstadt lassen sich aufstrebende Jungbands bestens in der Bar *Santa Filomena (Santa Filomena 126)* in Bellavista genießen.

FAKTEN, MENSCHEN & NEWS

ALLENDE

Die Figur des schnauzbärtigen Präsidenten mit der Hornbrille, der sich am 11. September 1973 im brennenden, von Putschisten umstellten Regierungspalast La Moneda das Leben nahm, spaltet die Chilenen bis heute. Salvador Allende Gossens (geb. 1908), Arzt, Senator, „Anwalt der Armen" aus bürgerlichem Hause, war 1970 als weltweit erster Marxist auf demokratischem Weg an die Macht gekommen. Der Präsident der Volksfront wollte beweisen, dass der Sozialismus auf friedlichem Wege, dem *Camino Chileno*, erreichbar war. Doch das war in der Zeit des Kalten Krieges eine Illusion. Der gemäßigte Allende stand auf verlorenem Posten: von der politischen Rechten mit Unterstützung der USA wütend bekämpft, von der radikalen Linken sabotiert. Wirtschaftskrise, Massenstreiks und Versorgungsmisere taten das ihre, den Boden für den Militärputsch durch General Augusto Pinochet zu bereiten.

33 HELDEN

Die Bilder gingen um die Welt: Am 13. Oktober 2010 kamen in der Mine San José bei Copiapó 33 Bergleute wieder zurück ans Tageslicht. Einer nach dem anderen wurde mit einer futuristisch anmutenden Rettungskapsel nach oben geholt und von Präsident Sebastián Piñera persönlich umarmt. 69 Tage lang hatten sie nach einem Bergrutsch in 700 m Tiefe ausharren müssen. Wie durch ein Wunder überlebten alle, tranken das Kühlwasser der Minenfahrzeuge und aßen

Bild: Alpakas im Parque Nacional Lauca

Allende, Kupfer und Kap Hoorn – ein kleines Kaleidoskop mit Wissenswertem zu Land und Leuten, Geschichte und Politik

alle zwei Tage einen halben Keks und einen Löffel Dosenfisch. Erst nach 17 Tagen war eine Bohrsonde in den Schacht vorgedrungen, in dem sie vermutet wurden – und brachte auf einem Zettel die erlösende Nachricht nach oben: „Uns 33 geht es gut im Schutzraum". Doch noch nie hatte man Bergleute aus so großer Tiefe gerettet. 1700 Journalisten vor Ort und Millonen Fernsehzuschauer in aller Welt fieberten mit bei der nun folgenden Doku-Reality. Ein deutsches Großbohrgerät schaffte es schließlich, einen Schacht zu den Verschütteten zu drillen, der groß genug war für die Kapsel „Phönix" – das Happy End für die „33 Helden von San José" und für eine der spektakulärsten Rettungsaktionen der Geschichte. 2015 ging sie als Kinofilm „69 Tage Hoffnung", u. a. mit Antonio Banderas und Juliette Binoche, noch einmal um die Welt.

FAMILIE

Wer einmal den Alltag einer chilenischen Familie erlebt, kann das Staunen lernen. Da steht plötzlich die Schwieger-

Die Südspitze Chiles ist der größte Schiffsfriedhof der Erde: Schiffswrack bei San Gregorio

mutter unangemeldet in der Tür und mischt sich in der Küche ein; da lassen sich die ledigen Kinder noch mit Ende 20 bemuttern und denken gar nicht daran auszuziehen; da trifft sich die ganze Sippe selbstverständlich jeden Sonntag zum gemeinsamen Grillen. Auch wenn sich die traditionell sehr engen Bande allmählich etwas lockern – die Familie bildet nach wie vor das Rückgrat der chilenischen Gesellschaft. Und dazu gehören nicht nur Vater, Mutter und Kinder, sondern der komplette Clan mit Großeltern, Onkeln, Tanten, Cousins und Cousinen und auch die in der Mittelklasse obligatorische *nana*, die als Haushälterin, Köchin und Kindermädchen häufig mit im Haus wohnt. In einer Gesellschaft, deren soziales Netz noch immer große Löcher aufweist, ist die Solidarität der Großfamilie wichtig: Da borgt man dem bankrotten Schwager Geld, da verhilft man der arbeitslosen Nichte mit seinen *pitutos* (guten Beziehungen) zu einem Job, da lässt man den frisch geschiedenen Vetter monatelang im Wohnzimmer schlafen ...

FLORA UND FAUNA

So vielfältig wie Chiles Naturräume präsentieren sich die Tierarten, die sie beleben. Erstaunlich sind die andinen Kamelarten, die noch in den kargen Wüsten und Gebirgen des Nordens genug zu fressen finden: das stattliche Guanako und das zierliche Vikunja, dazu Lama und Alpaka, beide von den Ureinwohnern als Woll- und Fleischquelle domestiziert. Andenkondore, Adler und Flamingos bevölkern die Trockensteppen und Salzseen. An der fischreichen Pazifikküste sind Guanotölpel und Pelikane zu sehen. Mit zunehmender Niederschlagsmenge sind in Mittel- und Südchile Waldtiere wie Füchse, Wildkatzen (u. a. Pumas) und die scheuen Andenrehe und -hirsche heimisch. Zahlreiche endemische Vogelarten bevölkern die Täler und Seen,

darunter Felsensittiche, Ibisse und Falken. An den Küsten Patagoniens tummeln sich Seelöwen und Pinguine, Seeschwalben und Raubmöwen.
In botanischer Hinsicht ist Chile besonders interessant. Übermannshohe Kakteen und Dornengewächse sind für die Wüste charakteristisch. Die Urwälder im Süden vermitteln eine Vorstellung davon, wie es in Europa zur Zeit der Germanen ausgesehen haben mag: riesige Baumfarne, bemooste Baumstämme, unheimliche Sümpfe. Südeiche, Südbuche und Südzypresse sind genetisch nicht mit ihren europäischen Namensgebern verwandt. Die schirmförmige Araukarie mit ihren Kandelaberästen und der tausendjährige, kerzengerade Alerce-Baum haben schon bessere Zeiten gesehen. Die einstmals ausgedehnten Urwälder mussten vielerorts Viehweiden oder monotonen Kiefernplantagen weichen. Den fortschreitenden Raubbau an der Natur bremsen vor allem die gut hundert Nationalparks und Naturreservate, die insgesamt rund 15 Mio. Hektar Land schützen – immerhin fast ein Fünftel der gesamten Staatsfläche.

KAP HOORN

Das „Ende der Welt", das zu einem berüchtigten Seemannsgrab wurde, hatten die Holländer Willem Cornelisz Schouten und Jakob le Maire 1616 entdeckt. Um die Südspitze Chiles, wo Pazifik und Atlantik aneinanderstoßen, tosen die Stürme. Hier liegen ca. 800 Schiffswracks begraben. Bis zum Bau des Panamakanals mussten Handelsschiffe, die Häfen an der amerikanischen Pazifikküste anlaufen wollten, ums Kap herumsegeln. Das war für jeden Kapitän eine Feuertaufe, die, einmal bestanden, dazu berechtigte, der (2003 aufgelösten) Bruderschaft der Kap-Hoorniers anzugehören.

KUPFER

Chiles Schicksal hängt noch immer am Kupferdraht. Die Minen liefern mit 5,8 Mio. Tonnen ca. ein Drittel der Weltproduktion des kostbaren Metalls, wovon jedes zweite Gramm in der Elektroindustrie eingesetzt wird. Seit 100 Jahren bestimmt der Kupferpreis das Schicksal Chiles; bis heute beruht der Löwenanteil der Exporteinnahmen (ca. 50 Prozent) auf Kupfer.

NATURGEWALTEN

In Chile lassen sich die enormen Kräfte der Natur quasi live beobachten. Fast immer raucht irgendwo ein Vulkan – zuletzt 2015 der Villarrica und der Calbuco in Südchile. 150 aktive Vulkane, darunter die höchsten der Erde (mit über 6000 m!), gehören zum Pazifischen Feuerring, der hier die Kollision der Ostpazifischen mit der Südamerikanischen Platte markiert, durch welche die Anden aufgefaltet wurden. Auch periodisch auftretende Erdbeben erinnern daran, dass die gewaltigen Platten weiterhin in Bewegung sind. Das schwerste Beben der Neuzeit (9,5 auf der Richterskala) hatte 1960 sein Epizentrum bei Valdivia. 2010 richteten ein Beben der Stärke 8,8 und der anschließende Tsunami in der Region zwischen Curicó und Concepción schwere Schäden an – fast 600 Menschen starben. Doch die Chilenen, an Naturkatastrophen gewöhnt, rappelten sich auch diesmal wieder auf und begannen schnell mit dem Wiederaufbau. Das gängige Sprichwort „Al mal tiempo, buena cara" (auf Dt. etwa: „Gute Miene zum schlechten Wetter") beschreibt den Optimismus, mit dem sie mangelndes Sicherheitsdenken wettmachen. Immerhin: Nach dem Beben 2010 wurde in ein landesweites Bebenmess- und Vorwarnnetz investiert. Auch die Vulkane werden stärker überwacht – und in den

Küstenstädten weisen Schilder und Straßenmarkierungen im Fall einer Flutwelle den Fluchtweg.

OSTERINSEL

3800 km weit vor der Küste ragt ein dreieckiger Vulkanbrocken aus dem Pazifik: *Rapa Nui* (großer Flecken), von den Europäern Osterinsel getauft. Die am weitesten von anderen menschlichen Siedlungen entfernte Insel der Welt schlägt Forscher und Besucher gleichermaßen in ihren Bann. Wahrscheinlich um 350 n. Chr. von polynesischen Seefahrern besiedelt, entwickelte sich hier in der Abgeschiedenheit eine einzigartige Zivilisation. Zu ihrer Blütezeit säumten an die 600 Moai – bis zu 21 m hohe, tonnenschwere Standbilder – die Küste. Doch Überbevölkerung und Raubbau an den natürlichen Ressourcen führten zu Stammeskämpfen; die Moai wurden gestürzt – Sinnbild einer kollabierten Kultur. Die Kolonialmächte und später die chilenische Republik, die 1888 die Insel annektierte, spielten den Ureinwohnern ebenfalls übel mit. Heute leben rund 2800 Rapanui auf der Insel und besinnen sich wieder auf ihre Wurzeln, pflegen die Traditionen und leben hauptsächlich vom Tourismus *(tägliche Flüge von LATAM)*.

PATRIOTISMUS

„C-H-I, Chi-Chi-Chi Le-Le-Le, Viva Chile!" – „Es lebe Chile!". Der Schlachtruf wird bei allen möglichen und unmöglichen Gelegenheiten skandiert: im Fußballstadion, bei politischen Demonstrationen oder beim Liedfestival. Die Chilenen lieben ihr Land über alles und finden auch mal abfällige Worte über ihre Nachbarn. Vielfach übertüncht der so zur Schau getragene Patriotismus einen Minderwertigkeitskomplex. Er hat seine Wurzeln in der jahrhundertelangen Bedeutungslosigkeit des armen Landes weitab vom Weltgeschehen. Daher kommt die neidvolle Orientierung am alten Europa und an den USA, daher der Stolz auf bescheidene Erfolge: die Miss Universe 1987, die ersten olympischen Goldmedaillen 2004 (im Tennis), die Aufnahme in den Kreis der OECD-Länder 2010. Und das ganze Land stand Kopf, als die Fußball-Nationalmannschaft 2015 im eigenen Land erstmals die Copa América gewann.

PINOCHET

Sein Bild als finsterer Putschist mit Stahlhelm und Sonnenbrille ging am 11. September 1973 um die Welt. General Augusto Pinochet Ugarte ging brutal gegen die Anhänger des gestürzten Präsidenten Allende vor. Mehr als 3000 Regimegegner wurden ermordet, 100 000 Chilenen gingen ins Exil. Erst nach 17 Jahren Diktatur gab Pinochet dem Druck nach und trat ab. Doch er hatte vorgesorgt: Bis 1998 blieb er Heereschef, und eine Selbstamnestie verhinderte die Sühnung der meisten Diktaturverbrechen. Nur in wenigen Fällen wurden hohe Militärs vor Gericht gestellt und verurteilt. Pinochet selbst wurde 1998 in einer Londoner Klinik verhaftet, und nur seine Altersdemenz rettete ihn vor der Auslieferung nach Spanien, wo er wegen Menschenrechtsverbrechen angeklagt war. Doch das Eis war gebrochen: Zurück in Chile, wurden mehrere Verfahren gegen ihn eröffnet. Als er 2006 starb, war er wegen zuvor entdeckter Geheimkonten auch bei vielen einstigen Anhängern in Ungnade gefallen.

POLITIK

Chiles Regierung besteht seit 1990 aus einer Mitte-Links-Koalition der Christdemokraten (DC), der Sozialisten (PS), der Sozialdemokraten (PPD) und weiterer Kräfte, die sich 1988 als *Concertación* gegen die Militärjunta zusammengeschlossen hatten. Alle Präsidenten der Koalition führten das von General Pinochet übernommene neoliberale Wirtschaftsmodell fort, versuchten es jedoch sozial abzufedern. Die sozialistische Präsidentin Michelle Bachelet (2006–10 und 2014–18) holte in ihrer zweiten Amtszeit sogar die Kommunisten mit in die Regierung. Doch ihre Reformbemühungen wurden bislang von Klüngelwirtschaft und Korruptionsskandalen überschattet.

Traditionspflege auf der Osterinsel: Eine Holztafel wird mit kunstvollen Mustern verziert

UREINWOHNER

1,7 Mio. Chilenen sind indianischer Abstammung. Die meisten (82 Prozent) gehören zum Volk der Mapuche („Menschen der Erde"), von den spanischen Eroberern auch Araukaner genannt. Die Halbnomaden behaupteten sich bis Mitte des 19. Jhs. südlich des Río Bío Bío. Dann wurden auch sie besiegt und verdrängt. Die meisten Mapuche-Familien leben heute in Reservaten in Südchile oder in Randbezirken Santiagos. In jüngster Zeit rebellieren die Mapuche zunehmend gegen Diskriminierung und fordern das Land ihrer Vorfahren zurück. Auf dem Altiplano und in den Wüstenoasen Nordchiles leben ca. 182 000 Aymara, Quechua, Atacameños und Diagüita. 7900 Osterinsulaner gehören zur polynesischen Ethnie Rapa Nui. Ona, Yagan und Alakaluf, die Ureinwohner Südpatagoniens, haben das Vordringen der Weißen nicht überlebt.

ESSEN & TRINKEN

Berge spottbilliger Artischocken und Avocados (hier: *paltas*), duftende Chirimoyas und Kaktusfrüchte, zuckende Seeaale, Krabben und Felsenmuscheln: Beim Schlendern über einen *mercado* läuft Besuchern das Wasser im Mund zusammen.

Die Marktschreier preisen zu Recht die ***vielfältigen Ingredienzen*** der chilenischen Küche. Die übt sich freilich in Bescheidenheit: Ihre Gaumenfreuden verstecken sich in einer europäisch geprägten Speisekarte, die wenigen Nationalgerichte sind mehr Hausmannskost als Haute Cuisine. Das Meer vor der 6435 km langen Küste liefert ***frischen Fisch vom Feinsten:*** *congrio* (Seeaal), *reineta* (eine Art Flunder), *corvina* (Adlerfisch) und *salmón* (Lachs), wobei Letzterer meist aus den Netzen von Zuchtfarmen stammt. Über 500 000 t der rosafarbenen Filets gehen jährlich tiefgefroren oder geräuchert in den Export. Zubereitet wird Fisch meist in der Pfanne *(frito)* oder auf dem Grill *(a la plancha)*, raffinierter schon *al pil pil* (mit Knoblauchsoße) oder *a la margarita* – in einer köstlichen Muschelsoße. Noch faszinierender ist die ***Vielfalt der Meeresfrüchte:*** Ins Auge fallen etwa die rotzangige *jaiva* (Seekrebs) oder die patagonische *centolla* (Königskrabbe). Roh mit Zitrone geschlürft werden *ostras* (Austern) und *ostiones* (Kammmuscheln). Andere Muscheln, wie *almejas, machas* und *choritos*, werden kurz gekocht bzw. gedünstet.

Trotz all dieser Meeresleckerbissen darf für viele Chilenen beim Essen eine

 Bild: Getrocknete Hülsenfrüchte

Muscheln, Wein und süße Sachen: Frische Feld- und Meeresfrüchte liefern die Grundlage für eine gute Hausmannskost

ordentliche Portion Fleisch nicht fehlen. **Rind und Huhn dominieren die Speisekarten,** in der Schafzuchtregion Patagonien findet man auch Gerichte mit Lammfleisch *(cordero)*. Der Holzkohlegrill *(parrilla)* gehört untrennbar zu Familienfesten und Ausflügen; dabei bezeichnet *asado* sowohl das Fleisch als auch den geselligen Anlass.

Meer und Land vereinen sich in einem urwüchsigen Gericht Südchiles, das manchmal noch wie einst im Erdloch mit heißen Steinen zubereitet wird: dem ***curanto***. Ursprünglich ein Reste-Eintopf, werden hier Kartoffelpuffer, Muscheln (mitunter auch Fisch), Hühnchen und Würste miteinander gegart. Eine echte Spezialität ist auch ***pastel de choclo,*** ein gehaltvoller Maisauflauf, der gern mit Zucker überbacken wird. Und wenn's mal schnell gehen soll, holen Sie sich eine *empanada* (Teigtasche) oder ein *sandwich*: Das schmeckt noch im einfachsten Stehrestaurant um Klassen besser als bei McDonald's.

Spätestens zum **Nachtisch** mögen es die Chilenen überaus süß, ob Torten, Gebäck

SPEZIALITÄTEN

caldillo de congrio – von Pablo Neruda besungene Seeaalsuppe
carne mechada – gespicktes Rindfleisch
cazuela de ave/de vacuno – sättigender Hühner- oder Rindfleischeintopf
centolla – Königskrabbe
ceviche – roher Fisch an Limone, Zwiebeln und Koriander (Foto li.)
chupe de mariscos – dicke Muschelsuppe
cordero – Lamm, das in zahlreichen Zubereitungsvarianten angeboten wird, vor allem in Patagonien
curanto – Muscheleintopf mit Fisch, Kartoffeln, Fleisch und Wurst
empanadas de horno/frita – gebackene bzw. frittierte Teigtaschen, mit Fleisch, Muscheln oder Käse gefüllt (Foto re.)
ensalada chilena – Salat aus Tomaten und rohen Zwiebeln
humitas – Maiswickel, am besten mit Tomatensalat
loco – Stachelschnecke; sehr lecker und begehrt, daher inzwischen aber auch eine bedrohte Art
lomo a lo pobre – „Armeleutesteak", nämlich so feudal wie möglich mit Pommes frites, Schmorzwiebeln und Spiegelei
longaniza – kräftige Schlackwurst
machas a la parmesana – mit Käse überbackene Miesmuscheln
mote con huesillos – Erfrischungsgetränk mit Dörrpfirsichen und gequollenem Weizen
paila marina – klare Suppe mit Fisch und ganzen Meeresfrüchten
parrillada – Fleisch vom Grill
pastel de choclo – Maisauflauf mit Hackfleisch, Huhn, Ei, Rosinen und Oliven
pastel de jaivas – Krabbenauflauf
pebre/chancho en piedra – scharfe Tunke aus *ají* (Chile-Pfeffer), Knoblauch und Koriander, milder ist sie mit Tomaten anstelle von *ají*
pisco sour – Traubenschnaps mit Limonen, Zucker und Eiweiß
plateada – butterweich gekochtes Rindfleisch
porotos granados – Bohneneintopf mit Mais und Kürbis
quinoa – Andenhirse, eine nahrhafte Beilage
salmón – Lachs, meist Zuchtlachs
schop – Fassbier (0,5 l)
sopaipillas – Kürbisküchlein
vaina – Mix aus Portwein, Wermut, Kakao und Ei

oder die von den deutschen Einwanderern mitgebrachten *kúchenes*. Ohne *manjar* – eine klebrig-braune Paste aus eingekochter Kondensmilch – kommt kein Konditor aus. Ein Tipp: Bestellen Sie Ihren Kaffee oder Fruchtsaft ohne Zucker *(sin azúcar)*, und süßen Sie selbst!
Meist zu süß statt „sauer" wird auch der Cocktail ***Pisco sour*** serviert. Achtung, ein Kalorienhammer! Der beliebte Aperitif basiert auf dem Traubenschnaps Pisco, der in Nordchile gebrannt wird. Zum Essen sollten Sie dann einen ***chilenischen Wein*** bestellen: einen der herrlich trockenen Weißen *(blanco)* zu Fisch und Meeresfrüchten bzw. einen kräftigen Roten *(tinto)* zu Fleisch oder Pasta. Chile hat es mit seinen hervorragenden und zugleich preiswerten Tropfen zum viertgrößten Weinexporteur der Welt gebracht. Den größten Anteil haben die Modetrauben Cabernet Sauvignon und Merlot (beide rot), bei den Weißweinen Chardonnay und Sauvignon Blanc. Letzthin experimentieren die Kellereien auch mit den Traubensorten Syrah, Malbec und vor allem Carménère, einer Rebsorte, deren Stöcke nur in Chile „überlebt" haben.
Viele Restaurants tragen dem Boom mit einer ***vielseitigen Weinkarte*** Rechnung, leider fehlt es oft noch an fachkundiger Beratung. Wenn es etwas Besseres sein soll, achten Sie bei Rotwein auf die Qualitätsbezeichnung „Reserva" oder „Gran Reserva", die die (längere) Lagerung im Eichenfass angibt. Und vielleicht können Sie auf einem Weingut oder in einem guten Lokal mal einen der Premiumweine probieren: etwa den legendären Don Melchor von Concha y Toro, den Newcomer Alpha M von Montes oder den soliden Casa Real von Santa Rita.
Aber auch Biertrinker müssen in Chile nicht darben: Während die großen Brauereien leichten blonden, mitunter etwas faden Gerstensaft produzieren, florieren jetzt allerorten die ***Kleinbrauereien*** mit charakterstarken, ungefilterten Bieren. Wo Sie hinkommen in Chile – bestellen Sie das lokale *cerveza artesanal!* Auch die Deutschen haben ihre Hand im Spiel: So

Alles bereit zur Weinprobe

wird die erfolgreichste der neuen Marken, „Kross", von dem Berliner Braumeister Asbjörn Gerlach hergestellt.
Vorsicht ist beim ***Kaffee*** nach dem Essen geboten: Einfache Lokale servieren oft nur lauwarmen löslichen Kaffee, und auch dort, wo eine Espressomaschine steht, sollte man keine zu hohen Ansprüche stellen.
Die ***chilenischen Tischgewohnheiten*** ähneln übrigens denen der Spanier: Es beginnt mit einem eher kargen Frühstück *(desayuno)*, gefolgt von einem späten Mittagessen (*almuerzo*, gegen 14 Uhr). Am Nachmittag wird eine *once* genannte Vesper eingelegt – wenn Zeit dazu ist – und am späten Abend (meist erst nach 20 oder 21 Uhr) ein warmes Abendessen *(cena)* eingenommen.

EINKAUFEN

Das beste Souvenir können Sie nirgendwo kaufen: Das sind Ihre Eindrücke von der Reise. Ledergürtel, -hüte und -taschen: Wo in der Welt bekommt man das nicht? Aber die Sandrose, den Quarzit, den blauen Gipskristall, den Sie in der Atacamawüste gefunden haben, die Riesenkrebsschere vom Strand – das sind allemal bessere Fundstücke als Modeschmuck aus der Hotelboutique.

KUNSTHANDWERK

Es gibt Holzgeschnitztes, Strohgeflochtenes und Getöpfertes aller Art. Die zahlreichen Märkte *(ferias artesanales)* haben in ganz Chile ein ähnliches Sortiment, und fast überall können Sie handeln. Hochwertiges Kunsthandwerk gibt es im *Pueblito Los Dominicos (Av. Apoquindo 9085)* in Santiago, das schon wegen seines Ambientes einen Besuch lohnt. Authentische Arbeiten finden Sie im Indianermarkt neben dem Eingang zum *Cerro Santa Lucía (Alameda/Miraflores)*. Erlesenes Kunsthandwerk zu Fair-Trade-Preisen vertreibt die Stiftung *Artesanías de Chile (www.artesaniasdechile.cl)* mit Geschäften im Kulturzentrum La Moneda in Santiago und in anderen Städten. Raffinierte Fusionen aus moderner Kunst und traditionellem Handwerk werden in mehreren Läden im Viertel Bellavista angeboten, z.B. im *Patio Bellavista (Pío Nono 73)* oder im Künstlerhaus *Constitución 8 (auch Sa/So geöffnet)*. Schöne Erinnerungsstücke sind Duplikate der Diaguita-Keramik aus der Zeit um 900–1400 n. Chr., die Sie u. a. im *Museo Precolombino (Bandera 361 | Santiago)* erstehen können.

MUSIK

Wer auf der Reise die chilenische Folklore lieben gelernt hat und den Daheimgebliebenen ein melancholisches Liebeslied von Víctor Jara oder eine volkstümliche Ballade von Violeta Parra vorspielen will, kann sich in einem Plattenladen beraten lassen, z. B. bei **INSIDER TIPP** *La Tienda Nacional (Merced 369)* oder *Kind of Blue (Merced 323)* in Santiago. Neben Klassikern wie Inti Illimani und Congreso gehören Folkrockbarden wie Joe Vasconcellos, Manuel García oder Francisca Valenzuela oder Rockbands wie Los Tres oder Chancho en Piedra zu den viel gehörten einheimischen Musikern. Wer es digital bevorzugt, dem steht unter *www.portaldisc.com* der komplette Katalog chilenischer Musik zur Verfügung.

Die Schätze der Anden: zur Erinnerung ein funkelnder Bergkristall, eine CD mit Folkloremusik oder ein weicher Alpakapullover

SCHMUCK

Nur in Chile und Afghanistan kommt der blaue Halbedelstein Lapislazuli vor. Eingelegt in elegantes Gold- und Silber-Geschmeide wird Lapislazuli in zahlreichen Werkstattläden auf der *Avenida Bellavista* in Santiago angeboten, ebenso im *Patio Bellavista* (s. S. 30). Dort bleibt das Auge auch hängen an fein ziselierten Ohrgehängen aus Silber und Bast, vielfarbigen Ketten aus Keramik oder Natursamen und Silberringen mit eingelegten Holz- oder Natursteindessins.

WEIN & PISCO

Beeindrucken können Sie die Lieben daheim immer mit einer hochprozentigen Flasche Pisco (Traubenschnaps) oder einem Kistchen Rotwein, möglichst mit der Qualitätsbezeichnung *Reserva*. Eine sehr gute Auswahl erlesener chilenischer Tropfen hält *El Mundo del Vino* bereit *(Isidora Goyenechea 3000 | Santiago | www.elmundodelvino.cl)*. In Holzkistchen zu je zwei oder drei Flaschen bekommen Sie den Wein problemlos und unfallfrei nach Hause (Zollbeschränkungen s. S. 117).

WOLLE

Ein schönes und praktisches Souvenir zugleich ist ein handgefertigtes Kleidungsstück, am besten bei der Weberin oder Strickerin selbst erworben: im Norden die Ponchos und bestickten Blusen der Indianer, die Schals und Pullover aus Alpaka- und Vikunjawolle, im Süden die wetterfesten Pullover aus patagonischer Schafwolle. Kleidung mit ausgefeilten Dessins, schicke Accessoires und Dekoartikel aus Wolle und Filz gibt es u.a. bei INSIDER TIPP *Ona* im Viertel Lastarria *(J. V. Lastarria/V. Subercaseaux | Santiago | www.onachile.com)*. Und wer preisbewusst ist, der lässt sich seinen Anzug aus bester Schurwolle in Chile schneidern, z. B. in Santiago bei *Cubillos (Av. Providencia 1964)*.

DER NORDEN

Chiles Norden ist ein bizarrer Ort. Er überwältigt zuallererst mit seinen Dimensionen. Endlose Geröllfelder und Sanddünen ziehen am Busfenster vorbei. Dabei ist die Atacamawüste alles andere als monoton.

Die Kräfte der Erde haben eine abwechslungsreiche Landschaft geformt, und die ewige Sonne taucht die zerklüfteten Gefilde mal in grelles Flimmern, mal in rötlichen Glanz. Staubbleiche, unter den Wüstenwind geduckte Hütten zeigen die spärliche Präsenz des Menschen an. Siedlungen konzentrieren sich um die Kupferminen und -häfen, in den fruchtbaren Flusstälern und den grünen Oasen. Alle paar Jahre, wenn sich mit dem Klimakobold El Niño Regenwolken in die Atacama verirren, sprießen plötzlich die im Wüstensand schlummernden Pflanzensamen und zaubern bunte Blütenteppiche ins graugelbe Einerlei: ein Fest, nicht nur für Botaniker! Der INSIDER TIPP *Desierto Florido* lässt sich nach Winterregen im September/Oktober und am besten zwischen Copiapó und La Serena beobachten.

Die Wüste ist eingebettet zwischen Pazifik und Küstenkordillere sowie dem Altiplano, der vergleichsweise grünen Hochebene auf über 4000 m, über der schneebedeckte Vulkane aufragen und wo sich in Salzseen und Lagunen Flamingos und Wildgänse tummeln. Einsame Felsenstrände locken ebenso wie verlassene Salpeterminen und Geysire.

Den Norden kann man ganzjährig gut bereisen. Von Januar bis März allerdings

Bild: Laguna Cejar in der Atacamawüste

Mondlandschaft mit Vulkankegeln – die Wüste lebt: Lamas und Flamingos tummeln sich an Salzseen und Lagunen

muss je nach Ausprägung des „bolivianischen Winters" (der dortigen Regenzeit) mit Unwettern und Straßenschäden an der Westseite der Hochanden gerechnet werden.

ANTO-FAGASTA

(125 D6) (*🕮 D6*) **Die eher schmucklose Hafenstadt (350 000 Ew.) entstand erst Ende des 19. Jhs. mit dem Salpeterboom. Der Hafen ist der größte weit und breit; über ihn werden heute vor allem die Erze aus Bolivien und Nordchile in alle Welt verschifft.**

Antofagasta hat für Touristen eher wenig an Sehenswürdigkeiten zu bieten, eignet sich aber gut als Ausgangspunkt für Touren in die Atacamawüste, zur Salpetermine Chacabuco und zum Observatorium Paranal. Antofagastas Wahrzeichen, das *Felsentor La Portada,* ragt 15 km nördlich des Zentrums aus dem Pazifik.

Very british – der Uhrturm im Barrio Histórico

SEHENSWERTES

BARRIO HISTÓRICO

Im *Barrio Histórico,* der Altstadt rund um die Plaza Colón und den Hafen, sind alte Verwaltungsgebäude und einige windschiefe Magazine aus der Salpeterzeit zu bewundern. Dazu kommen der *Uhrturm* (eine Kopie von Londons Big Ben), die *Kathedrale* von 1917, das alte *Zollhaus (Aduana)* von 1866 und das interessante *Regionalmuseum (Di–Fr 9–17, Sa/So 11–14 Uhr)*.

PARQUE CULTURAL HUANCHACA

In den imposanten Ruinen einer Silberschmelze des 19. Jhs. am Südrand von Antofagasta entstand diese Anlage mit dem 2010 eingeweihten *Museo del Desierto* als größter Attraktion. Die Schau spannt den Bogen von Fossilien aus der Urzeit über die Geschichte des Bergbaus bis zu den modernen Teleskopen des Nordens. Highlight ist der Prototyp eines Marsroboters, den die NASA in der Atacamawüste testete. *Di–So 10–13, 14.30–19 Uhr | Eintritt 3 Euro | www.ruinasdehuanchaca.cl*

ESSEN & TRINKEN

BARBACOA

Beliebtes Restaurant an der Uferstraße, mit Fleisch und Fisch vom Grill, preiswerte Mittagsmenüs. *Av. Grecia 1222 | Tel. 55 293 82 24 | €€*

LA BUONA FORCHETTA

Terrassenrestaurant mit schönem Blick auf Meer und Hafen im Hotel *Antofagasta.* Meeresspezialitäten mit italienischem Einschlag. *Balmaceda 2575 | Tel. 55 222 88 11 | €€€*

ÜBERNACHTEN

ANTOFAGASTA

Traditionelles, teilweise erneuertes Stadthotel mit Garage, Pool und eigenem Strand; die besseren Zimmer haben Meerblick. *230 Zi. | Balmaceda 2575 | Tel. 55 222 88 11 | www.hotelantofagasta.cl | €€*

HOSTAL 1127

Viel gelobte, familiäre Unterkunft mit herzlichem Ambiente und guten Tipps. Ruhige Lage, nur vier Blocks vom Meer. *4 Zi. | Coquimbo 1127 | Tel. 55 284 14 97 | www.hostal1127.com | €*

ZIELE IN DER UMGEBUNG

INSIDER TIPP OBSERVATORIUM PARANAL ● (126 B1) (*D7*)

Very Large Telescope (VLT) ist geradezu ein bescheidener Name für die geballte Hochtechnologie, die von dem 2600 m hohen Wüstenberg Cerro Paranal 130 km südlich von Antofagasta Besitz ergriffen hat. Die Anlage schaltet vier Hohlspiegel von je 8,20 m Durchmesser und drei Hilfsteleskope zum weltweit leistungsfähigsten Observatorium zusammen. Gesteuert aus der Zentrale der europäischen Astronomie-Organisation ESO in Garching bei München, erlaubt es einen tiefen Ein- bzw. Rückblick ins Universum – bis kurz nach dem Urknall. Wer Paranal besuchen will, muss sich rechtzeitig anmelden: Die geführten Besichtigungen *(Sa 10 und 14 Uhr)* haben begrenzte Kapazität, die Anfahrt muss selbst organisiert werden. Reservierungen nur online unter *www.eso.org*.

SALPETERMINE CHACABUCO ★

(125 E5) *(🕮 E5)*

Silbern gleißt die „Pampa des toten Indianers" unter der sengenden Mittagssonne. Plötzlich ragen Wassertürme, Schornsteine und Abraumhalden aus dem Nichts. Der Wind rüttelt an den Wellblechschuppen und bläst Staub über die Gräber mit den schiefen eisernen Kreuzen. *Oficina Salitrera Chacabuco:* In dieser Stadt hausten einmal 4000 Menschen. Jetzt wird sie nur noch von einem einsamen Wärter bewacht. Chacabuco steht unter Denkmalschutz; das ist unter anderem dem Goethe-Institut zu danken. Einst war diese Oficina eine moderne Salpetermine mit Stadtpark, Theater, Kirchen und Kantinen, spartanischen Arbeiterquartieren und den Villen der Direktoren. Die Turbinen, Pumpen, Kompressoren und Kessel der Raffinerie liegen als Gekröse im Schutt, die Gleise der Verladestation führen ins Niemandsland. Chacabuco gleicht einer verlassenen Wild-West-Kulisse. Als der Abbau nicht mehr lohnte, versank die Anlage in einen Dornröschenschlaf, aus dem sie erst die Militärdiktatur unsanft weckte: Sie richtete hier ein Gefangenenlager ein. Chacabuco liegt nur wenige Hundert Meter von der Gabelung der Nationalstraßen 5 (Panamericana) und 25 (nach Calama) entfernt. *Besichtigung (ohne Führung) tgl. 9–18 Uhr | Eintritt 4 Euro | Wasser und Sonnenschutz nicht vergessen!*

ARICA

(125 D1) *(🕮 D2)* **Chiles nördlichste Stadt (175 000 Ew.) liegt nur 18 km von der Grenze zu Peru (zu dem es bis 1880 noch gehörte) entfernt. Über ihren Hafen verschifft Bolivien, seit es im soge-**

MARCO POLO HIGHLIGHTS

★ Salpetermine Chacabuco
Rostiges Denkmal für eine wilde Zeit → S. 35

★ Parque Nacional Lauca
Flamingos spiegeln sich im Wasser, Lamas grasen in der 4000 m hoch gelegenen Steppe → S. 38

★ Kupfermine Chuquicamata
Einblick in den größten Tagebau der Welt → S. 40

★ Valle del Elqui
Bei Dichtern, Sonnenanbetern und Schnapsbrennern → S. 46

★ Tatio-Geysire
Zum Sonnenaufgang brodelnde Dampffontänen zwischen Andenriesen → S. 49

★ Valle de la Luna
Mondlandschaft mit rot glühenden Salzfelsen → S. 49

nannten Salpeterkrieg (1879–84) den eigenen Zugang zum Meer verlor, einen Teil seiner Erzexporte.

Der Ort hat schon bessere Zeiten gesehen, so z. B., als im 16. bis 18. Jh. die Silberschätze aus Potosí von Maultierkarawanen nach Arica gebracht und auf spanische Karavellen umgeladen wurden, und noch einnmal, als zu Anfang des 20. Jhs. der Salpeterboom und die Eisenbahn nach La Paz (1913) für Aufschwung sorgten. Heute mischt sich träges Hafenambiente mit dem leicht verlotterten Flair einer Grenzstadt, die ihre Unansehnlichkeit hinter Palmen und Hibiskussträuchern zu verstecken sucht. Über allem thront der *Morro*, Aricas gelbbrauner Stadtfelsen, den die Chilenen 1880 erstürmten und dessen INSIDER TIPP Aussichtsplattform einen schönen Überblick über die Stadt und den Hafen gestattet. Zu Füßen des Morro, an den Stränden *El Laucho* und *La Lisera,* lockt die sanfte Dünung ganzjährig zum erfrischenden Wellenbad im Pazifik.

Ungewöhnlich: Die Iglesia San Marcos ist eine Gusseisenkonstruktion

SEHENSWERTES

BAHNHOF

Von dem putzigen Bahnhof fuhr früher der legendäre, inzwischen eingestellte *Ferrobus* nach Bolivien ab. Auf dem Vorplatz steht ein deutsches Dampfross (1924) mit Zahnrädern für die steilen Andenpässe.

IGLESIA SAN MARCOS

Gustave Eiffel lässt grüßen. Das eiserne neogotische Gotteshaus liegt oberhalb des Hafens und besteht aus Fertigbauteilen der berühmten Pariser Eisenschmiede. *Plaza Colón*

MUSEO ARQUEOLÓGICO SAN MIGUEL

Das bedeutendste archäologische Museum in Nordchile liegt 13 km außerhalb im grünen Azapa-Tal. Hier sind die ältesten menschlichen Mumien zu besichtigen, und liebevoll gestaltete Dioramen vermitteln ein anschauliches Bild von der Lebenswelt der ersten Volksstämme in Nordchile. Sammeltaxis zum Museum ab Chacabuco/Lynch. *Jan./Feb. tgl. 9–20, März–Dez. 10–18 Uhr | Tel. 58 220 55 55 | masma.uta.cl*

MUSEO HISTÓRICO Y DE ARMAS

Das Museum liegt auf dem *Morro*, dem Hausberg von Arica, und dokumentiert die blutige Schlacht im Salpeterkrieg. Der Aufstieg vom Südende der Calle Colón aus lässt sich bequem in etwa 15 Minuten bewältigen. *Tgl. 9–20 Uhr*

MUSEO DE SITIO COLÓN 10

Mitten in der Stadt wurden 2004 einige tausendjährige Mumien ausgegraben. Der Fundort wurde zu einem kleinen, Museum umgestaltet. *Di–So 10–18 Uhr | Colón 10 | masma.uta.cl*

ESSEN & TRINKEN

LOS ALEROS DEL 21

Vor allem Fisch und Meeresfrüchte kommen hier auf den Teller und natürlich: Empanadas. *21 de Mayo 736 | Tel. 58 225 46 41 | €€*

MARACUYÁ

Hier können Sie bei frischer Brise Meeresfrüchte genießen; nicht ganz billig. *San Martín 0321 | Tel. 58 222 76 00 | €€€*

RAYU

Ein peruanischer Koch begeistert mit Fleisch- und Meeresgerichten wie gegrilltem Oktopus; an der Playa Chinchorro. *Raúl Pey 2590 | Tel. 58 221 64 46 | €€€*

FREIZEIT & SPORT

STRÄNDE/SURFEN

Die Strände nördlich von Arica *(Playa Brava, Chinchorro, Las Machas)* sind bei den Einheimischen populär, aber wegen starker Strömung nicht ungefährlich. Die besten Surfwellen gibt es von April bis August. Info und Unterkunft: *Arica Surf House | O'Higgins 661 | Tel. 58 231 22 13 | www.aricasurfhouse.cl*

ÜBERNACHTEN

ARICA

Nummer eins in Arica, an einem Ministrand südlich der Stadt. Gutes Restaurant, Tennisplatz, Pool. *114 Zi. | San Martín 599 | Tel. 58 225 45 40 | www.hotelarica.cl | €€€*

CASA BELTRÁN

Modernes Boutiquehotel zwei Blocks vom Hauptplatz, aufmerksamer Service, gutes Frühstück. *17 Zi. | Rafael Sotomayor 266 | Tel. 58 225 38 39 | www.hotelcasabeltran.cl | €€*

EL PASO PARK

Moderne Bungalows in einem Park neben dem Casino, großer Pool, gutes Restaurant. *120 Zi. | Av. General Velásquez 1109 | Tel. 58 223 08 08 | www.hotelelpaso.cl | €€*

AUSKUNFT

CONAF

Informationen über die Nationalparks. *Vicuña Mackenna 820 | Tel. 58 220 12 00 | www.conaf.cl*

MAYURU TOURS

Empfehlenswerte Ausflüge in die Wüste und auf den Altiplano, auch deutschsprachige Führer. *Baquedano 411 | Tel. 985 82 14 93 | www.mayurutours.com*

ZIELE IN DER UMGEBUNG

INSIDER TIPP ALTIPLANO-RUNDFAHRT

(125 E1–2) (*E2–3*)

Die raue Schönheit des Altiplano erschließt sich am besten auf einer Rundfahrt durch die vier großen Schutzgebiete auf über 4000 m Höhe. Vom *Parque Nacional Lauca* führt eine Schotterpiste durch die endlose Weite, vorbei an einer Galerie stolzer Sechstausender und einsamen Indiodörfern mit schmucken Steinkirchen. Vikunjaherden machen dem Namen der *Reserva Nacional Las Vicuñas* alle Ehre, und mitten im riesigen Kessel des Surire-Salzsees nisten Hunderte rosaroter Flamingos. Heiße Naturthermen, in denen Sie baden können, und sprudelnde Geysire gehören zu den Highlights der Tour, die schließlich durch den *Parque Nacional Volcán Isluga* und wieder hinunter in die Wüste nach Iquique oder Arica führt.

Angesichts einer kaum vorhandenen touristischen Infrastruktur bleibt diese Fahrt eher Abenteuerlustigen vorbehalten, die für drei, vier Tage auf jegliche Bequemlichkeit verzichten können. Sie benötigen dafür unbedingt ein geländegängiges Fahrzeug, ausreichend Benzin und Verpflegung sowie warme Kleidung und einen Schlafsack. CONAF unterhält einfache Schutzhütten am Lago Chungará, am Salar de Surire und in Isluga. Holen Sie vorher bei CONAF in Arica Informationen ein oder buchen Sie bei einer Agentur die ganze Tour mit einem ortskundigen Führer.

PARQUE NACIONAL LAUCA ★

(125 E1) (*🗺 E2*)

200 Straßenkilometer und 4500 Höhenmeter liegen zwischen Arica am Pazifikrand und dem Altiplano, jener andinen Hochebene, die sich von Peru und Bolivien weit in den chilenischen Norden hineinzieht. In das Länderdreieck schmiegt sich mit dem Nationalpark Lauca ein Naturschutzgebiet, dessen grandiose Erhabenheit ihresgleichen sucht.

Schon der Beginn der Fahrt ist spektakulär; die Piste schraubt sich an Geoglyphen (geheimnisvollen Erdzeichnungen früherer Kulturen) und gigantischen Schutthängen vorbei durch das *Lluta-Tal*. Nach 140 km ist *Putre* erreicht, ein prähispanischer Ort mit hübschen Steinhäusern im Kolonialstil und einer Kirche aus dem 17. Jh. Der friedliche Ort auf 3500 m Höhe zu Füßen des imposanten Massivs der Nevados de Putre (5825 m) wird von den sonnengegerbten Gesichtern seiner Aymara-Bewohner geprägt. Kleine Wanderungen führen durch Kakteenschluchten zu alten Felszeichnungen, auch das rustikale Thermalbad *Jurasi* lohnt den Besuch. In Putre gibt es für die Nacht ein paar schlichte Pensionen und die gastliche, gepflegte INSIDER TIPP Terrace Lodge *(7 Zi. | Tel. 58 258 42 75 | www.terracelodge.com | €)*.

Oberhalb von Putre beginnt der *Nationalpark Lauca*. Von ewigem Schnee bedeckte Sechstausender, darunter die majestätischen Vulkane Parinacota (6342 m) und Pomerape (6282 m), spiegeln sich im *Lago Chungará*, mit 4570 m einer der höchstgelegenen Seen der Erde, an dessen Ufern sich Nandus, Flamingos und weitere 130 Vogelarten tummeln. Lamas weiden die Moose und Flechten ab, die scheuen Vikunjas sind selten zu sehen.

Agenturen in Arica bieten die Fahrt zum Lago Chungará und zu dem pittoresken Andendorf *Parinacota* als Tagestour an: ein Höhenschock! Nehmen Sie sich lieber mehr Zeit und passen Sie sich mit mindestens einer Übernachtung in Putre allmählich an die dünne Luft an.

CALAMA

(125 E5) (*🗺 E5*) **Die staubige Bergbaustadt (150 000 Ew.) liegt auf einem Hochplateau (2200 m) inmitten weitläufiger, wüstenhafter Bergketten.**

Calama ist Versorgungsstation für Touren in die *Atacamawüste* und zur *Kupfermine Chuquicamata*, selbst aber arm an Sehenswertem. Wer kann, sollte dem tristen Wildwest-Flair der Stadt bald den Rücken kehren.

ESSEN & TRINKEN

ALQUIMIA

Nettes Ambiente in zentraler Lage, solide Küche, guter Service. *Pedro León Gallo 1948 | Tel. 55 236 08 31* | €€

EL MIRADOR

Das Hotel im englischen Kolonialstil (Ende 19. Jh.) liegt sehr zentral und ist dennoch ruhig. Die Zimmer sind sauber, das Personal hilfsbereit. *25 Zi. | Sotomayor 2064 | Tel. 55 234 03 29 | www.hotelmirador.cl* | €€

AUSKUNFT

CORPORACIÓN DE TURISMO

Städtisches Informationsbüro. *Latorre 1689 | Tel. 55 253 17 07*

Parque Nacional Lauca: Mutter Flamingo wacht mit Argusaugen über ihr Junges

PATAGONIA

Fleisch vom Grill, Fisch und Salate, dazu ein gut sortierter Weinkeller und gehobene Preise. *Granaderos 2549 | Tel. 55 234 16 28* | €€€

ÜBERNACHTEN

DOUBLETREE BY HILTON

Bestes Haus am Ort, mit Pool, Gym, Restaurant und Spielkasino nebenan. *148 Zi. | Av. Balmaceda 2634 | Tel. 55 268 11 00 | www.hiltonhotels.com* | €€

ZIELE IN DER UMGEBUNG

CASPANA (125 F5) *(🕮 F5)*

Nach einer langen Fahrt (ca. 70 km) durch die graubraune Wüstenlandschaft ist das saftige Grün des Oasendorfes Caspana eine Wohltat für die Augen. Der malerische Ort liegt auf 3300 m Höhe, eingeklemmt in einer Felsenschlucht, die wie eine Miniaturausgabe des Grand Canyons wirkt. Die 500 Bewohner leben in kleinen Steinhäusern und bauen auf Terrassen Gemüse und

Blumen an, die sie auf dem Markt in Calama verkaufen. Sehenswert sind der alte Teil des Dorfes, die Kirche und ein kleines Museum. Wer eine kurze Wanderung nicht scheut, kann sich in der Nähe jahrtausendealte Felsgravuren anschauen. Fragen Sie im Restaurant des Ortes oder im Laden nach einem ortskundigen Führer. Auf dem Rückweg führt ein kurzer Abstecher zur *Laguna Inka-Coya,* einem ovalen See mitten in der Wüste, dessen Existenz angesichts fehlender Zuflüsse ebenso mysteriös ist wie das Schicksal einer Inka-Prinzessin, die sich hier aus Liebeskummer mit ihrem Sohn ertränkt haben soll. Schließlich können Sie noch der schön restaurierten Lehmziegelkirche von *Chiu Chiu* (33 km östlich von Calama) einen Besuch abstatten.

KUPFERMINE CHUQUICAMATA ★ ●

(125 E5) *(🕮 E5)*
4,3 km lang, 3 km breit und 825 m tief: 10 km nördl. von Calama klafft das größte Loch der Welt: der Tagebau Chuquicamata, von den Kumpeln liebevoll „Chuqui" genannt. Von seiner Talsohle karren Mammut-Kipplader mit 3 m hohen Rädern das Mineral zur Schmelze, ringsum wachsen die Abraumhalden. Die Bergarbeitersiedlung neben der Kupfermine ist eine Geisterstadt, da alle Einwohner wegen der Umweltbelastung nach Calama umgesiedelt wurden. *Kostenlose Besichtigungstouren Mo–Fr 13 Uhr ab Av. Granaderos 4025 | Anmeldung nötig: Tel. 55 232 21 22 | visitas@codelco.cl*

COPIAPÓ

(126 B4) *(🕮 D9)* **Zwischen Weinbergen und Olivenhainen gelegen, träumt die Wüstenstadt (160 000 Ew.) von dem Silberrausch, der sie Mitte des 19. Jhs. erfasste.**

Aus dieser Epoche stammen auch die stattlichen Bürgerhäuser und Villen. Das *Regionalmuseum (Mo 14–18, Di–Sa 9–18 Uhr | Eintritt frei | Atacama 98)* erinnert nicht nur an die Gründerzeit, sondern auch an die spektakuläre Rettung der 33 Bergleute im Jahr 2010 (s. S. 20), u. a. mit der Rettungskapsel „Phönix".

SEHENSWERTES

KIRCHEN

Sehenswert die *Holzkathedrale* an der Plaza Prat, 1840–51 im neuklassischen Stil mit 1,30 m dicken Balkenmauern errichtet. Auch andere Kirchen wie die *Iglesia de Belén* oder die *Iglesia San Francisco* sind schöne Beispiele der Zimmermannskunst.

ESSEN & TRINKEN

EL LEGADO

Erlesene Zubereitungen mit Meeresfrüchten, Straußen- und Wildschweinfleisch. *O'Higgins 12 | Tel. 52 52 38 95 |* €€€

OKORU

Peruanisch-japanische Fusionsküche, Sushi und mehr in nettem Ambiente. *Matta 343 |* €

ÜBERNACHTEN

LA CASONA

Freundliches Hotel mit Kolonialflair, grünem Innenhof, aufmerksamem Personal und gutem Frühstück. *10 Zi. | O'Higgins 150 | Tel. 52 221 72 78 | www.lacasonahotel.cl |* €€

WARA

Eine Oase der Ruhe 16 km außerhalb der Stadt. Man wohnt in Adobe-Bungalows im Rustikalschick; Pool und gutes

Weißer Sand, türkisfarbenes Wasser: Strand in Bahía Inglesa bei Caldera

Restaurant. *7 Zi. | La Cristiana s/n | Tel. 52 252 01 12 | €€€*

AUSKUNFT

SERNATUR

Los Carrera 691 | Tel. 52 22 12 838 | infoatacama@sernatur.cl

ZIELE IN DER UMGEBUNG

CALDERA (126 A3) (*D8*)

In der 72 km von Copiapó entfernten Hafenstadt (14 000 Ew.) sind noch die Zweckbauten (u. a. der Bahnhof, heute Museum) des einstigen Silberbooms zu besichtigen. Außerdem können Sie im benachbarten Badeort INSIDER TIPP *Bahía Inglesa* ein Bad im Pazifik nehmen. Die *Playa Las Machas,* die sich südlich vom Ortskern kilometerweit anschließt, wartet mit feinem, weißem Sand auf. Das Wasser der flachen Buchten schimmert türkis, Karibikflair kommt auf – bis man den Fuß in den kühlen Ozean taucht ... Zahlreiche Pensionen für die Sommerfrische stehen bereit. Empfehlenswert ist das *Apart-Hotel Rocas de Bahía (42 Zi. | Av. El Morro | Tel. 52 23 16 005 | www.rocasdebahia.cl | €€€)* gegenüber vom Strand und mit kleinem Pool.

PARQUE NACIONAL NEVADO TRES CRUCES (126 C3) (*E8*)

Wer die Hochanden-Landschaften bei Arica oder San Pedro de Atacama verpasst hat, der findet bei Copiapó Ersatz. In einer langen Tagestour (Gesamtstrecke von Copiapó hin und zurück ca. 530 km!) mit einem geländegängigen Fahrzeug kann man den *Parque Nacional Nevado Tres Cruces* erkunden, eine wilde, menschenleere Weite auf über 4000 m Höhe, in der nur Flamingos, Guanakos und Wüstenfüchse leben. Der Blick schweift über flirrende Salzebenen und türkisfarbene Bergseen hinweg auf das Spalier imposanter Fünf- und Sechstausender, darunter der *Ojos del Salado,* mit 6893 m Chiles höchster Berg.

PARQUE NACIONAL PAN DE AZÚCAR

(126 A3) (*🗺 D8*)
Ein ganz besonderes Biotop schützt dieser Nationalpark 110 km nördlich von Caldera. Wo das Graubraun der bis zu 800 m hohen Küstenkordillere auf das Blaugrün des Pazifik trifft, gedeihen dank des Küstennebels zahlreiche ungewöhnliche Pflanzenarten. Vor allem für Kakteenfreunde ist der Besuch ein Fest: Mehr als zwanzig Arten trotzen hier dem Wüstenklima, ebenso wie Guanakos und Füchse. Rund um die vorgelagerte Insel *Pan de Azúcar,* die Sie auf einer Bootstour besuchen können, tummeln sich Humboldt-Pinguine, Robben und Seeotter. Im Park gibt es Wanderwege, zwei Zeltplätze, einfache Fischlokale und akzeptable Unterkunft in den Cabañas der *Pan de Azúcar Lodge (pandeazucar lodge.cl | €€).* Der nächste größere Ort, *Chañaral* (24 km) wurde 2015 von einer Schlammlawine stark zerstört und bietet kaum touristischen Service.

IQUIQUE

(125 D3) (*🗺 D3*) **Der Name bedeutet auf Aymara: „Rast und Ruhe". Damit war es vorbei, als man in der Umgebung begann, Salpeter abzubauen.**
Aus dieser „goldenen Zeit" (1880–1920) stammen die Holzpaläste der Neureichen und das prunkvolle Theater. Heute stinkt es in der Hafenstadt Iquique (280 000 Ew.) nicht nach Geld, sondern bisweilen nach Fischmehl, und zur Freihandelszone pilgern die Schnäppchenjäger, um elektronischen Ramsch einzukaufen.

Geisterstadt im Wüstensand: die aufgelassene Salpetermine Humberstone

SEHENSWERTES

AVENIDA BAQUEDANO

Die Hauptstraße der Altstadt wurde liebevoll restauriert: Auf hölzernen Gehsteigen flaniert man an zweistöckigen Balustradenhäusern entlang. Der Palast eines

Salpeterbarons, der *Palacio Astoreca*, ist heute Museum *(unregelmäßig geöffnet)*. Die Belle Époque beschwört auch die Plaza Prat mit *Glockenturm*, maurisch inspiriertem *Centro Español* und *Teatro Municipal* aus Holz und Stuck *(Besichtigung tgl. 9–21 Uhr)*.

PLAYA CAVANCHA
Die Avenida Baquedano geht nahtlos in die innerstädtische Strandpromenade über. Miami lässt grüßen: Surfer, Seelöwenshow und Spielkasino.

ESSEN & TRINKEN

EL TERCER OJITO
Asiatisch inspirierte Fusionsküche, schöner Innenhof. *Mo geschl. | Lynch 1420 | Tel. 57 242 65 17 |* €€€

INSIDER TIPP EL VIEJO WAGÓN
Regionale Spezialitäten im Holzpalast eines Salpeterbarons. *Thompson 85 | Tel. 57 234 14 28 |* €€

ÜBERNACHTEN

BACKPACKER'S HOSTEL
Lebhafte Jugendherberge in Strandnähe; gute Tipps für Ausflüge. *Amunátegui 2075 | Tel. 57 232 02 23 | www.hosteliquique.cl |* €

HOTEL CANO
Einfache, aber gemütliche Unterkunft im Zentrum, mit Parkplatz. *34 Zi. | Eleuterio Ramírez 996 | Tel. 57 231 55 80 | www.hotelcano.cl |* €€

GAVINA SENS
Renoviertes Hotel mit Blick auf Hafen und Meer, in Fußnähe zum Zentrum, gute Betten, reichhaltiges Frühstücksbüfett. *82 Zi. | Av. Arturo Prat 1497 | Tel. 57 239 30 30 | www.gavinasens |* €€

TERRADO SUITES
Fünf-Sterne-Turm auf der Halbinsel Cavancha, geräumige Zimmer mit Aussicht, schöner Pool, Wellnessbereich. *91 Zi. | Tel. 57 236 39 00 | www.terrado.cl |* €€€

AUSKUNFT

CIVET ADVENTURE
Touren auf den Altiplano, deutschsprachig. *Bolívar 684 | Tel. 57 242 84 83 | www.civet-adventure.cl*

ZIELE IN DER UMGEBUNG

INSIDER TIPP HUMBERSTONE/SANTA LAURA (125 D3) *(D–E3)*
Die beiden verfallenen Geisterstädte aus der Salpeterzeit sind heute nur noch (eindrucksvoller!) Industrieschrott in der Wüste. Die Häuser der Ingenieure stehen noch so da, als seien sie eben gerade und nicht schon vor 50 Jahren verlassen worden. *Tgl. 9–18 Uhr | Eintritt 4 Euro | 47 km östlich von Iquique*

PICA/SALAR DE HUASCO (125 E3) *(E4)*
Wer schon immer mal eine richtige Wüstenoase sehen wollte, ist in INSIDER TIPP *Pica* goldrichtig: Mitten in der Einöde, 110 km von Iquique, gedeihen tropische Früchte wie Mangos, Guaven und Maracujas, aus denen leckere Säfte frisch gepresst werden. Berühmt wurde der Ort freilich wegen der kleinen, kräftigen Pica-Limetten, die dem Nationaldrink *Pisco sour* den würzigen Geschmack verleihen. Es gibt eine kleine Kirche, einfache Restaurants und angenehm lauwarme Thermalbecken in Felsengrotten.

60 km weiter gelangt man zum einsamen Nationalpark *Salar de Huasco,* einem gewaltigen Salzsee auf 4000 m Höhe. Hier tummeln sich Flamingos,

Vikunjas und andere Tiere des Andenhochlands. Eine Ashpaltstraße führt über 160 km nach Iquique zurück.

LA SERENA

(126 A6) (🕮 D10) **„Die Heitere" (150 000 Ew.) an der Mündung des Río Elqui in den Pazifik ist Chiles zweitälteste Stadt; gleich nach ihrer Gründung durch die Spanier (1544) wurde sie allerdings von den Indios erst einmal überrannt. 1549 ließ Francisco de Aguirre sie erneut aufbauen.**

LOW BUDG€T

Entlang der Anden sprudeln vielerorts im Norden Thermalquellen, die meisten naturbelassen oder mit minimaler Infrastruktur, selten wird ein kleiner Obolus erhoben; nur die Anfahrt ist oft schwierig. Zu den leichter erreichbaren Thermen gehören Jurasi (bei Putre), Polloquere (am Salar de Surire) und Mamiña (bei Iquique).

In der Hochsaison ist es in San Pedro de Atacama schwer, preiswert abzusteigen. Ein guter Tipp ist das familiäre *Hostal Vilama,* eine nette, einfache Herberge. *8 Zi. | DZ ab 45 Euro | Láscar 346/Toconao | Tel. 55 243 66 76 | hostalvilama.blogspot.com*

Thun-, Tinten-, Sonnenfisch: Auf dem Mercado von Coquimbo kann man die Vielfalt der Pazifikwesen bestaunen und mit ☀ Blick auf den Ozean preiswert *ceviche* kosten, Austern schlürfen und Fisch essen. *11 km südlich von La Serena (Stadtbusse)*

Das andalusische Gepräge des heutigen Zentrums geht jedoch nicht auf den berühmt-berüchtigten Konquistador zurück, sondern auf den ehemaligen Staatspräsidenten Gabriel González Videla, der seiner Heimatstadt in den Vierzigerjahren des 20. Jhs. eine „koloniale Renaissance" verordnete. Daneben finden sich in der Stadt, die längst mit dem nahen Bade- und Hafenort Coquimbo zusammengewachsen ist, rund zwei Dutzend sehenswerter alter Kirchen, zumeist aus dem 17. und 18. Jh.

SEHENSWERTES

MUSEO ARQUEOLÓGICO ●

Im faszinierenden Archäologischen Museum von La Serena sind u.a. eine Keramiksammlung aus der präkolumbischen Diaguita-Kultur (9.–15. Jh.) sowie ein echter Osterinsel-Moai zu bewundern. *Di–Do 9.30–18, Sa 10–13, 16–19, So 10–13 Uhr | Córdovez/Cienfuegos*

ESSEN & TRINKEN

CAFÉ COLONIAL

Nur einen Block von der Plaza entfernt gibt es guten Kaffee, schmackhafte Sandwiches und einfache Tagesgerichte; auch Vegetarisches ist im Angebot. *Balmaceda 475* | €

INSIDER TIPP CALETA PEÑUELAS

Der Fischerhafen liegt auf halber Strecke nach Coquimbo und bietet eine ganze Reihe uriger Fisch- und Muschellokale. Hier essen die Einheimischen – danach geht's zur Siesta an den Strand. *Av. del Mar, km 7* | €

MERCADO LA RECOVA

Rustikal speisen Sie hier mit Blick auf das unterhaltsame bunte Treiben in der Markthalle. Mehrere einfache Lokale im

Surreale Szenerie: Observatorium La Silla im Abendlicht

Obergeschoss stehen zur Auswahl. *Cienfuegos/Cantournet | €*

ÜBERNACHTEN

FRANCISCO DE AGUIRRE

Stilvolles Mittelklassehaus im alten Stadtkern, teilweise renovierte Zimmer *(superior)*, aufmerksames Personal; es gibt sogar eine Tiefgarage. *90 Zi. | Córdovez 210 | Tel. 51 222 29 91 | www.hotelfranciscodeaguirre.com | €€*

HOTEL LONDRES

Zentral gelegenes, klassisches Stadthotel mit geräumigen Zimmern. *28 Zi. | Córdovez 550 | Tel. 51 221 90 66 | www.hotellondres.cl | €–€€*

INSIDER TIPP EL PUNTO

Gemütliches Hostal in fröhlichen Farben, mit schönem Innenhof und leckerem Frühstück. Die hilfsbereiten deutschen Besitzer vermitteln auch Touren. *11 Zi. | Andrés Bello 979 | Tel. 51 222 84 74 | www.hostalelpunto.cl | €*

AUSKUNFT

TURISMO DELFINES

Touren aller Art in der Umgebung. *Matta 655 | Tel. 51 222 36 24 | www.turismodelfines.com*

ZIELE IN DER UMGEBUNG

INSIDER TIPP ISLA DAMAS

(126 A5) *(🗺 C10)*

Großtümmler zeigen neben dem Boot ihre Sprungkünste, vom Ufer schauen Pinguine neugierig zu: Das Naturschutzgebiet *Pingüino de Humboldt* vor der Felsenküste 120 Straßenkilometer nördlich von La Serena bietet die Gelegenheit, seltene Meerestiere in ihrer natürlichen Umgebung zu erleben – mit etwas Glück sogar Buckelwale! Am einfachsten per organisierter Tagestour ab La Serena *(ca. 45 Euro)*.

OBSERVATORIEN (126 B5) *(🗺 D10)*

Über 300 extrem klare Sternennächte über der Wüste machen's möglich: Zwischen La Serena und Antofagasta richten einige der modernsten astronomischen Observatorien der Welt ihre Teleskope ins Universum. Gewöhnliche Sterbliche können die High-Tech-Anlagen allerdings nur an bestimmten Tagen und nach wochenlanger Voranmeldung besuchen, so das Interamerikanische Observatorium *Cerro Tololo (90 km von La Serena | Tel. 51 220 52 00 | ctiorecp@noao.edu)* und die Europäische Südsternwarte *La Silla (150 km | Tel. 224 63 30 00 | www.ls.eso.org)*. Besucherfreundlicher zeigt sich das *Observatorio Las Campanas (156 km)*, das auch kurzfristig Neugierige empfängt, allerdings nur samstags 14.30 bis 17.30 Uhr bei Anmeldung einige Tage im Voraus *(Tel. 51 220 73 01 | www.lco.cl)*. Die Fahrt lässt sich am besten mit einem Reisebüro organisieren. Einfacher ist der Blick in die Sterne im Lehrobservatorium *Mamalluca* bei Vicuña im Valle del Elqui (siehe auch „Mit Kindern unterwegs", S. 106).

TONGOY (126 A6) *(C11)*

Der im Südsommer gut besuchte Badeort (3400 Ew.) 50 km südlich von La Serena liegt malerisch auf einer Felsenhalbinsel zwischen unendlich erscheinenden Stränden (*Playa Grande* im Süden: 14 km). Tongoy bietet viele Unterkünfte: vom Campingplatz über kleine Familienhotels bis zu Bettenburgen. Empfehlenswert sind das *Hotel Panorámico (15 Zi. | Av. Mirador 745 | Tel. 51 239 19 44 | www.hotelpanoramico.cl | €–€€)*, alle Zimmer mit Meerblick, und die *Hostería Tongoy (Av. Costanera 10 | Tel. 51 239 12 03 | www.hosteriatongoycosta.cl | €–€€)*.

VALLE DEL ELQUI ★

(126 A–B6) *(D10–11)*

Geduckte Lehmziegelhäuser in Ocker und Rot, spitze Kirchtürme zwischen Papayaplantagen, Weinfelder, die an den Kakteenhängen nach oben drängen, ringsum kahle Wüstenberge: Im Valle del Elqui wird wie im Bilderbuch illustriert, wie Menschen seit Jahrtausenden versucht haben, sich in der Wüste zu behaupten. Das Elqui-Tal wurde bereits in vorchristlicher Zeit von den Diaguita besiedelt, die ein effizientes Anbausystem mit Terrassen und Bewässerungskanälen entwickelten. Erhalten sind ihre schönen Keramikarbeiten, die man u. a. im *Archäologischen Museum* in La Serena bewundern kann.

In Montegrande liegt das Grab von Gabriela Mistral (1889–1957), der mit dem Nobelpreis gekrönten Dichterin, die ihr Heimattal in Poesie gegossen hat. Geboren wurde sie in Vicuña, dem Hauptort des Tals (km 62). Ihr Geburtshaus ist heute *Museum (Di–Fr 10–18, Sa 10.30–18, So 10–13 Uhr | G. Mistral 759)*. Wenige Meter weiter bietet die *Casa Madariaga (tgl. 11–14, 15–18 Uhr | G. Mistral 683)*, ein original erhaltener Familiensitz im Kolonialstil, Einblick in die Lebensweise im 19. Jh.

Seinen Ruhm verdankt das Valle del Elqui allerdings eher handfesten Genüssen: Die hier angebauten Trauben werden zu Pisco gebrannt, dem chilenischen Nationalschnaps. Mehrere Destillerien im Tal stehen Besuchern offen; z. B. INSIDER TIPP *Fundo Los Nichos (Mo–So 11–17 Uhr | Tel. 51 245 10 85)*, die älteste Brennerei (gegründet 1868), 4 km südlich von Pisco Elqui.

Von Montegrande führt das geheimnisvolle *Valle de Cochiguaz* ab, ein Tal, in dem sich zahlreiche Esoteriker, Sonnenanbeter und UFO-Gläubige niedergelassen haben. Wer die Ankunft einer fliegenden Untertasse abwarten will, dem steht im schmucken *Pisco Elqui* eine breite Auswahl an Unterkünften zur Verfügung, viele mit Pool, Restaurant und spirituellen oder Wellness-Angeboten; so das

Zweckmäßige Lehmziegelhäuser bestimmen das Ortsbild von San Pedro de Atacama

gepflegte Bungalowhotel INSIDER TIPP *El Tesoro de Elqui* (*10 Zi. | Arturo Prat s/n | Tel. 51 2451069 | www.tesoro-elqui.cl | €*) mit schönem Garten und erstklassiger Küche oder die originellen Kuppelzelte des „Astrohotels" *Elqui Domos* (*7 Zi. | Tel. 977092879 | www.elquidomos.cl | €€€*) mit eigenen Teleskopen.

SAN PEDRO DE ATACAMA

(125 F5) (*🗺 F5*) **Schon die etwa anderthalbstündige (Bus-)Fahrt von Calama nach San Pedro de Atacama stimmt den Besucher auf die biblische Landschaft ein.**

Man fährt durch eine steinig-staubige, graugelbe, manchmal rötlich glitzernde Wüste, in der Luftspiegelungen geisterhafte Seen entstehen lassen. Bald zeigen sich die schneebedeckte Andenkette im Osten und voraus die glänzende Fläche des Salzsees von Atacama.

San Pedro de Atacama ist ein beliebter Fluchtpunkt für wüstensüchtige Aus- und Umsteiger aus Europa geworden. Das attraktive Oasendorf (4000 Ew.) gruppiert seine gedrungenen Lehmziegelhäuser um die schöne, mattrosa gekalkte Kirche im Kolonialstil mit einer Decke aus Kakteenholz im schlichten Inneren. Wer Glück hat, kommt zu einem der Heiligenfeste mit Tänzen und Prozessionen in die Flussoase. Zwei Dutzend Reiseveranstalter bieten Touren in die spektakuläre Umgebung an. Auf der Hauptstraße *Caracoles* liegen mehrere Kunstgewerbeläden neben zahlreichen netten Speiselokalen im Adobestil, wo man abends romantisch am Feuer sitzen und stimmungsvoll und gut essen kann.

SEHENSWERTES

MUSEO ARQUEOLÓGICO PADRE LE PAIGE

Das nach dem belgischen Pater und Archäologen benannte Museum zeigt die Kultur der Atacameños aus der Zeit vor der Inka-Besatzung. Es wird 2016/17 komplett restauriert und bleibt unterdessen geschlossen. *Calle Padre Le Paige*

CASA PIEDRA

Hier bekommen Sie einfache, aber gute und schmackhafte Hausmannskost, abends wird manchmal auch Livemusik geboten. *Caracoles 225* | €

QUITOR

Hier können Sie regionale Spezialitäten wie z.B. Quinoa (Andenhirse) probieren. *Licancábur 154* | €

Grüße aus dem Erdinneren: Die Tatio-Geysire speien heiße Dämpfe

INSIDER TIPP PUKARÁ DE QUITOR

3 km nördlich thront über dem Río San Pedro eine z.T. restaurierte Festung aus dem 12. Jh. Hier wurden 1540 die Inka-Verteidiger von berittenen Spaniern überrannt. Schöner Morgenspaziergang!

ESSEN & TRINKEN

BALTINACHE

Gemütliches Lokal mit Fusion aus indianischer Küche und Gourmettechniken. *Atienza | Tel. 9 98 71 01 03* | €€

ÜBERNACHTEN

ALTIPLÁNICO

Oase in der Oase: idyllische, stilvolle Bungalowanlage 1 km außerhalb; Service und Preise sind Luxusklasse. *32 Zi. | Atienza 282 | Tel. 55 2 85 12 12 | www.altiplanico.cl* | €€€

INSIDER TIPP B & B INCAHUASI

Diese nett dekorierte Herberge liegt abseits des Trubels. Die freundlichen Besitzer bieten verschiedene Zimmer und *cabañas* und ein gutes Frühstück. *9 Zi. | El Carmen 132 | Tel. 55 285 14 07 | www.incahuasi.cl* | €€

LA CASA DE DON TOMÁS
Zweckmäßiges Mittelklassehotel im Adobestil mit kleinen Zimmern und kleinem Pool, aber weitläufiger Anlage; gelobte Küche. *50 Zi. | Tocopilla | Tel. 55 285 10 55 | www.dontomas.cl* | €€€

LODGE TERRANTAI
Nobelherberge mitten im Ort, dabei ruhig und mit gutem touristischem Programmangebot. *21 Zi. | Tocopilla 411 | Tel. 55 285 10 45 | www.terrantai.com* | €€€

AUSKUNFT

CARACOLES
In dieser Straße findet sich eine Agentur neben der anderen: fragen, Preise vergleichen und auf in die Umgebung!

ZIELE IN DER UMGEBUNG

ALTIPLANO-LAGUNEN (125 F6) *(🗺 F6)*
Über die Andendörfer Toconao und Socaire geht es auf die Hochebene. Die Piste wird immer steiler und holpriger, bis sich von einem Höhenrücken ein malerischer Anblick bietet: Zwischen goldgelbem Büschelgras liegen zwei tiefblaue, von weißer Salzkruste umrandete Seen, dahinter erheben sich Vulkane mit Eiskappen. Die Lagunen *Miscanti* und *Meñiques* (4100 m) lohnen den harten Tagestrip, zumal die Tour meist noch den grün schimmernden *Salar de Talar* anfährt.

SALAR DE ATACAMA
(125 E–F6) *(🗺 E–F6)*
Auf dem endlos scheinenden Salzsee (3000 km²), dessen Nordufer 40 km südlich von San Pedro liegt, haben die Naturkräfte bizarre Salzschollen, -spitzen und -spiegel geschaffen. Die Salzkruste ist durch die Verdunstung zu scharfkantigen Placken aufgeworfen, und ab und zu knackt es wie auf einem zugefrorenen See. Der Besuch wird meist per Halbtagstour ab San Pedro in Kleinbussen organisiert. Unterwegs hält man in der verträumten Siedlung *Toconao* (Achten Sie auf die Kirche mit ihrer originellen Kaktustür!) und an der *Quebrada de Jerez*, einer paradiesischen Flussoase. Fragen Sie, ob die ● *Laguna Cejar* mit auf dem Programm steht: In dem hochgradig salzigen See am Nordrand des Salar kann man wie im Toten Meer reglos auf dem Wasser treiben.

TATIO-GEYSIRE ★ (125 F5) *(🗺 F5)*
Sie speien inmitten einer unwirklichen Vulkanlandschaft auf 4300 m Höhe pünktlich zum Sonnenaufgang ihre heißen Dämpfe aus. Früh aufstehen ist angesagt: Die Anfahrt auf Sand- und Schotterpisten (am einfachsten per organisierter Tour) dauert 3–4 Stunden. Winterkleidung anlegen, es herrscht hier Eiseskälte! Die vergisst man aber schnell angesichts der zischenden Dampffontänen in der von Andenriesen umstandenen Hochsteppe.

VALLE DE LA LUNA ★ ●
(125 F5) *(🗺 F5)*
Die Kulisse der in allen Farben schillernden Nadelspitzen und Salzberge könnte jederzeit für einen surrealen Sciencefictionfilm herhalten. Das „Mondtal" mit seinen bizarren, in der Abendsonne rot glühenden Sand- und Felsformationen trägt seinen Namen mit vollem Recht. Nur 15 km von San Pedro entfernt, lässt es sich bequem am späten Nachmittag per Kleinbustour und – sportliche Fitness vorausgesetzt – noch besser per Mountainbike besuchen.

DIE MITTE

Theoretisch haben die Chilenen viel Platz, doch fast 13 Mio., das sind drei Viertel von ihnen, drängen sich in der Zentralzone auf nur 15 Prozent der Landesfläche, in einem Gebiet, das vom Río Aconcagua im Norden bis zum Río Bío Bío im Süden reicht und mit 115 000 km² immer noch größer ist als Portugal.

Der Drang zur Mitte hat seine Ursachen: Die Längssenke zwischen Küstenbergland und Hochkordillere war seit jeher ein bevorzugtes Siedlungsgebiet, weil sie durch das sonnige Klima, die fruchtbaren Böden und die ganzjährige Bewässerung aus den Anden begünstigt wird. Auf den Feldern gedeihen die Mandarinen, Melonen, Kürbisse und Kartoffeln, die in Santiago auf den Tisch kommen. Die weiter rasch wachsende Metropole sitzt hier wie eine fette Spinne im Netz. Das mediterrane Klima, die Orangenhaine, die Weinberge und die Obstplantagen, die verträumten Kolonialdörfer und die schneebedeckten Gipfel erinnern an Andalusien und die Sierra Nevada – nur dass die Natur hier weniger domestiziert ist und sich gelegentlich durch Erdbewegungen unangenehm bemerkbar macht. Reisende finden hier schon alles auf kleinem Raum, was das Land so liebenswert macht: die hohen Kandelaberkakteen des Nordens und die ersten Urwälder des Südens, Gletscher und Vulkane, schäumende Wildwasserflüsse und endlose Felsenstrände. Unmittelbar östlich der Hauptstadt eröffnet sich ein Ski- und Wanderparadies, 100 km westlich locken die pazifischen Badestrände, nebenan

 Bild: Weinanbau im Valle de Casablanca bei Valparaíso

Weinberge, Skipisten, Badestrände und Naturwälder – rund um die Hauptstadt Santiago wird alles geboten

verströmt Valparaíso Hafenromantik, und in Santiago selbst tobt das kosmopolitsche, urbane Leben.

SANTIAGO

KARTE IM HINTEREN UMSCHLAG
(124 B4–5, 127 E–F4) (*🕮 D13*)

Santiago de Chile, die Hauptstadt des Landes, liegt zu Füßen der Anden und nicht nur geografisch in der Mitte von Chile. Sie ist der Angelpunkt, um den sich alles dreht – schließlich leben in der Región Metropolitana 40 Prozent der Bevölkerung des Landes, rund 7 Mio. Menschen. Hier schlägt das Herz der Nation, und neben der mächtigen, selbstbewussten Metropole mit ihrem kulturellen Reichtum verblassen alle anderen Städte.

Gleichwohl protzt die Hauptstadt nicht mit spektakulären Touristenattraktionen. Sie speist ihr unaufdringliches Flair aus dem Kontrast zwischen ehrwürdigen Palais und lärmenden Straßenmärkten,

Die Skyline einer modernen Wirtschaftsmetropole: Downtown Santiago

zwischen gepflegten Villen und kühnen Wolkenkratzern, zwischen dem Häusermeer und dem dahinter aufragenden Schneegebirge. Ein paar Tage sollte man für Santiago einplanen. Ein abendlicher Bummel durch das INSIDER TIPP Künstlerviertel *Lastarria* mit seinen Kneipen und Galerien gehört ebenso dazu wie ein Mittagessen im Zentralmarkt. Von den Zeiten, da Pedro de Valdivia 1541 Santiago gründete, ist nicht viel geblieben. Die Santiaguinos haben sich, so scheint es, nie groß um die Vergangenheit gekümmert. Erdbeben taten das ihre, die Spuren der Kolonialzeit zu verwischen. Heute spürt man eher den Geist von Manhattan. Santiago wächst mit Glaspalästen in die Höhe und breitet sich weiter in alle Richtungen aus. Im Unterschied zu vielen anderen südamerikanischen Metropolen glänzt die Stadt durch Sauberkeit und ein effizientes Metronetz.

CITY **WOHIN ZUERST?**
Plaza de Armas (U C3) (*Ⓜ c3*): Die Metro-Linie 5 hält direkt unter der Plaza de Armas. Das ist der beste Ausgangspunkt für einen ersten Rundgang durch das historische Zentrum zum Palacio de la Moneda. Von dort geht es über die Hauptachse Alameda ostwärts, vorbei an der Iglesia San Francisco, zum Aussichtshügel Santa Lucía und in die angrenzenden Viertel Lastarria und Bellas Artes.

RUNDGÄNGE

STADTPARK UND ZENTRALMARKT

(U C–D 2–3) (*Ⓜ c–d 2–3*)
Starten Sie Ihren Rundgang an der Plaza Baquedano. Hier beginnt am Ufer des Mapocho der *Parque Forestal,* ein schöner, von Platanen beschatteter Park. Vornan spielen Kinder im *Deutschen Brunnen (Fuente Alemana)*, 1910 von Einwanderern gestiftet. Von dort aus ist es nur ein Katzensprung zum *Museo de Bellas Artes*, einem Gebäude im Stil französischer Klassik. Weiter auf der Straße Ismael Valdés Vergara gelangen Sie an

den Straßenhändlern vorbei zum *Mercado Central,* dessen Bauteile in England gegossen wurden. Auf der anderen Seite des Flusses geht es weiter: Dort erstreckt sich ● *La Vega Central,* Santiagos größter Obst- und Gemüsemarkt. Ein Fest für Auge und Ohr, Nase und Zunge: Pfirsiche und Melonen, Erdbeeren und Weintrauben, Avocados und Auberginen häufen sich auf unzähligen Ständen, angepriesen von unermüdlichen Marktschreiern, die zum Probieren einladen.

STADTZENTRUM

(U B–C 3–4) (*b–c 3–4*)
Ausgedehnte Fußgängerzonen erleichtern den Bummel durch das Herz der Stadt. Die *Plaza de Armas* ist der Salon von Santiago; an ihr liegen die Kathedrale, das Rathaus, die Hauptpost und das Historische Museum *(Museo Histórico Nacional).* Steigen Sie in letzterem auf den restaurierten INSIDER TIPP Glockenturm und betrachten das bunte Treiben auf der Plaza aus der Vogelperspektive! Von dort gelangt man durch den Paseo Ahumada und die Agustinas zur *Moneda*, dem Präsidentenpalast.

SEHENSWERTES

CERRO SAN CRISTÓBAL ★

(U E1) (*e1*)
Um zum Hausberg (880 m) mit der Marienstatue zu gelangen, geht man von der Plaza Baquedano über die Brücke und die Straße Pío Nono im malerischen Vergnügungsviertel Bellavista zur Talstation der Standseilbahn. Die hält zunächst an einem netten, wenngleich etwas beengten Tierpark *(Zoológico).* Von der Bergstation führen Treppen auf den Sockel der 36 m hohen *Mariengestalt* (1908): Panoramablick über Santiago. Weiter geht's auf der Hügelkuppe ostwärts, entlang der Straße, auf der sich Radsportler tummeln, oder auf Wanderwegen durch den Wald, mit immer neuen Aussichtspunkten. Dabei rücken die Glaspaläste von „Sanhattan" in den Vordergrund, dahinter zum Greifen nah die imposante Kulisse der Anden. Ein botanischer Garten, Restaurants und zwei Schwimmbäder laden zum Verweilen ein. Mit der renovierten Kabinenseilbahn oder zu Fuß gelangt man über den Zugang Pedro de Valdivia wieder in die Stadt.

CERRO SANTA LUCÍA

(U D3–4) (*d3–4*)
Aussichtshügel (70 m) mit hübschem Park in der Stadtmitte. Bei klarer Luft

MARCO POLO HIGHLIGHTS

★ **Cerro San Cristóbal**
Vom Hausberg aus Santiagos Häusermeer betrachten → S. 53

★ **Palacio de la Moneda**
Im Präsidentenpalasr starb einst Salvador Allende → S. 55

★ **Altos de Lircay**
Atemberaubende Landschaften in den Zentralanden → S. 60

★ **Mercado Central**
Schlemmen im „Bauch" von Santiago → S. 55

★ **Paso Los Libertadores**
Andenpass nach Argentinien: dem Himmel so nah → S. 59

★ **Ascensores**
Mit Valparaísos Schrägaufzügen zum „Balkon der Stadt" → S. 64

★ **Isla Negra**
Pablo Nerudas Haus: ein Museum der besonderen Art → S. 66

hat man einen schönen Blick über das Zentrum. Der Parkeingang liegt an der Alameda, oben prangt ein spanisches Festungsschlösschen. In der Nachbarschaft liegen die *Nationalbibliothek* mit

Fischstände im Mercado Central

einem netten Café und die schöne *Kirche San Francisco* (1618) mit einem kleinen Museum und einem hübschen Klosterhof: eine friedliche Oase hinter dicken Lehmmauern.

LA CHASCONA (U E2) (*d2*)

Pablo Nerudas Stadtdomizil mit dank der Sammelleidenschaft des Hausherrn voll gestopften Salons, Geheimgängen und verwinkeltem Garten wurde zum Museum. *Di–So 10–18 Uhr | Fernando Márquez de la Plata 0192*

INSIDER TIPP MAVI (U D3) (*d3*)

Modern und spannend: Das *Museo de Artes Visuales* (Museum der visuellen Künste) im Viertel Lastarria zeigt Gegenwartskunst aller Sparten. *Di–So 11–19 Uhr (Feb. geschl.) | J. V. Lastarria 307 | www.mavi.cl*

METRO ARTE

Kunst im Vorbeigehen: In etlichen Metrostationen kann man großflächige Werke chilenischer Künstler bewundern, etwa von Francisco Smythe *(Baquedano)*, Mario Toral *(Universidad de Chile)* oder Guillermo Muñoz *(Moneda, alle Linie 1)*.

MUSEO DE BELLAS ARTES

(U D3) (*d3*)

Das neoklassizistische Gebäude (1910) mit dem lichtdurchfluteten Atrium beherbergt an die 6000 Kunstwerke verschiedener Genres und Epochen. Moderner geht's auf der Rückseite zu, im *Museo de Arte Contemporáneo*. *Di–So 10–19 Uhr | Parque Forestal | www.mnba.cl*

MUSEO DE LA MEMORIA (O) (*O*)

Das 2010 eingeweihte, auch architektonisch interessante Museum bereitet mit Fotos, Dokumenten und Videos (zumeist mit englischer Übersetzung) eindrucksvoll die dunklen Zeiten der Pinochet-Diktatur auf und erinnert an die Oppositionsbewegung, die die Rückkehr zur Demokratie erzwang. *Di–So 10–18 Uhr | Matucana 501 (Metro Quinta Normal) | www.museodelamemoria.cl*

MUSEO PRECOLOMBINO

(U C3) (*c3*)

Im hektischen Gewühl der City ist das in einem schönen alten Kolonialpalast mit lauschigem Patio und Arkaden untergebrachte Museum für präkolumbische Kunst ein Hort der Stille. *Di–So 10–18 Uhr | Bandera 361 | www.precolombino.cl*

PALACIO DE LA MONEDA ★ ●
(U B4) (*b4*)
Der italienische Architekt Gioacchino Toesca entwarf Ende des 18. Jhs. diesen seinerzeit größten Palast der spanischen Kolonien als Münzprägestätte (daher der Name *Moneda*). Nach der Unabhängigkeit diente er als Regierungssitz; bis 1958 wohnten die Präsidenten auch hier. 1973 gingen die Bilder des Militärputschs um die Welt, als Tiefflieger die Moneda bombardierten. Heute strahlt die Fassade wieder cremefarben, und Innenhöfe und Salons können besichtigt werden – allerdings nur nach Voranmeldung unter *visitas@presidencia.cl*.

SKY COSTANERA (O) (*O*)
Santiagos neue Attraktion ist die Aussicht von dem 300 hohen, 2015 eingeweihten Wolkenkratzer, der zur Mall *Costanera Center* gehört. Von den Stockwerken 61 und 62 bietet sich ein fantastischer Rundblick auf Stadt und Anden – besonders schön bei Sonnenuntergang! *Tgl. 10–22 Uhr | Eintritt 10 Euro | Av. Andrés Bello 2457 | www.skycostanera.cl*

ESSEN & TRINKEN

AZUL PROFUNDO (U E2) (*e2*)
Fisch und Meeresfrüchte in nautischem Ambiente – das Auge isst mit ... *Constitución 111 | Tel. 2 27 38 02 88 |* €€€

BARANDIARÁN (O) (*O*)
Beliebtes peruanisches Gartenrestaurant – probieren Sie den Pisco sour! *Manuel Montt 315 | Tel. 2 22 36 68 54 |* €€

CASALUZ (O) (*O*)
Romantische Atmosphäre im angesagten Barrio Italia. Auf der schönen Terrasse genießen Sie die mediterrane Küche und einen aufmerksamen Service. *Av. Italia 805 | Tel. 2 29 18 72 04 |* €€

EUROPEO (O) (*O*)
Eins der besten Restaurants der Stadt: frische Produkte und Zutaten, tolle Texturen, ausgefeilte Präsentationen. *Sa-Mittag und So geschl. | Alonso de Córdova 2417 | Tel. 2 22 08 36 03 |* €€€

GIRATORIO (O) (*O*)
Speisen und kreisen: Das Restaurant im 18. Stock dreht sich in einer Stunde einmal komplett und bietet so den Rundblick auf die modernen Viertel. Fisch und Fleisch. *Nueva Providencia 2250 | Tel. 2 22 32 18 27 |* €€

EL HUERTO (O) (*O*)
Die klassische Adresse für Vegetarier: Hier gibt es üppige Salate, Lasagne, Quiche, Quesadillas, Currygerichte und vieles mehr. *Orrego Luco 054 | Tel. 2 22 33 26 90 |* €–€€

LIGURIA (O) (*O*)
Künstlertreff in argentinisch angehauchtem Ambiente; satt werden Sie hier in jedem Fall, denn die Portionen sind riesig. Zwei Lokale: *Av. Providencia 1373 und Pedro de Valdivia 048 | Tel. 2 22 35 79 14 |* €€

MERCADO CENTRAL ★ ●
(U C2) (*c2*)
In dem prunkvollen, 1872 eröffneten „Bauch von Santiago" lachen den Käufer nicht nur Obst und Gemüse, Fleisch und Fisch an, hier kann man sich den Genüssen – vor allem frischer Meereskost – auch gleich hingeben. Nicht zu übersehen ist das Lokal *Donde Augusto (Tel. 2 67 14 55 58 |* €€€*)*, das seine Gäste mit *caldillo de congrio* (Fischsuppe) und *gambas al pil-pil* (scharf gewürzte Garnelen) entzückt. Daneben gibt es noch ein weiteres Dutzend einfacher, aber guter Lokale – besonders für Meeresfrüchte aller Art: der beste Platz in Chile für ein Katerfrühstück *(tgl. 6–18 Uhr)*.

INSIDER TIPP **PEUMAYEN** (U E2) (*e2*)
Das Nonplusultra für Feinschmecker: Erlesene Kreationen mit hiesigen Ingredienzen. *Constitución 136 | Bellavista | Reservierung nur über Website: www.peumayenchile.cl* | €€€

STADTRUNDFAHRT

An der Plaza de Armas, vor der Moneda, am Mercado Central und an zehn weiteren Stellen halten die roten Doppeldeckerbusse, die Besuchern die Stadt zeigen. Für 28 Euro kann man beliebig aus- und wieder einsteigen. *Engl./Span. 9.30–18 Uhr, alle 30 Min. | Tel. 2 28 20 10 00 | www.turistik.cl*

LOW BUDG€T

Seit kurzem sind die staatlichen Museen gratis, u. a. das *Museo de Bellas Artes.* Am Wochenende finden im *Parque Forestal* hinter dem Museum Freiluftspektakel mit Capoeira, Jongleuren und viel Jungvolk statt.

Das altehrwürdige *Teatro Municipal* von Santiago bietet nicht nur kostspielige Opernaufführungen und Galakonzerte der Philharmoniker, sondern auch Gratis-Auftritte junger Künstler. *Agustinas 794 | Tel. 2 24 63 10 00 | www.municipal.cl*

Gut und preiswert zu Mittag essen (Tagesmenüs für ca. 4 Euro) kann man in Santiago in der doppelten *Bar Nacional,* zwei populären Lunchlokalen mitten im Zentrum. Hier essen die Büroangestellten in uriger, etwas hektischer Atmosphäre. *Bandera 317 und Huérfanos 1151*

FREIZEIT & SPORT

FAHRRAD FAHREN (O) (*O*)
Ob Sie an der geführten Citytour mit grünem Bike, Helm und englischsprachigem Guide teilnehmen oder Santiago auf eigene Faust per Fahrrad erkunden wollen – die Agentur *La Bicicleta Verde* macht's möglich. *Loreto 6 | Tel. 2 25 70 93 38 | www.labicicletaverde.com*

MALL SPORT ● (O) (*O*)
In diesem Tempel rund um Sport und Outdoor warten einige Herausforderungen, allen voran *La Ola,* eine künstliche Surfwelle, auf der Sie mit oder ohne Trainer Ihre Standfestigkeit beweisen können. Aber auch der *Air Trail,* ein Balanceparcours in 30 m Höhe, der *Slack Park* und die Kletterwand haben es in sich. *Av. Las Condes 13 451 | Tel. 2 24 29 30 30 | www.mallsport.cl*

REITEN (O) (*O*)
Die Agentur *Cascada Expediciones* organisiert Reittouren zwischen einem und 12 Tagen durch die Anden. Die Tagestouren sind auch für Anfänger geeignet. *Don Carlos 3227 C | Tel. 2 923 59 50 | www.cascada.travel*

INSIDER TIPP **SEGELFLIEGEN** (O) (*O*)
Warum nicht einmal lautlos über die Ausläufer der Anden und das Häusermeer von Santiago gleiten? Der Segelfliegerclub *(Club de Planeadores)* von Santiago nimmt auf Anfrage zahlende Passagiere mit *(20 Min. ca. 65 Euro). Av. Santa María 6100 | Tel. 2 22 18 41 09 | www.planeadoreschile.cl*

SKIFAHREN UND BERGSTEIGEN
(U E3) (*e3*)
Die richtige Adresse, um sich beraten zu lassen und um Anschluss an Bergtouren zu finden, ist der Deutsche Andenverein;

Im Ausgehviertel Bellavista spielt sich das Leben abends auf der Straße ab

hier gibt es zum Üben auch eine Kletterwand. *Mo–Fr ab 19.30 Uhr | Arrayán 2735 (Metro Tobalaba) | www.dav.cl*

WANDERN & REITEN (U D2) (*🕮 d2*)
Lust auf eine Tagestour, zu Fuß oder zu Pferd in den Anden? Die Agentur *Ando Andes* macht's möglich. *Loreto 6 | Tel. 2 29 33 60 51 | www.andoandes.cl*

AM ABEND

Den Sonnenuntergang genießt man auf dem *Cerro San Cristóbal* mit Blick auf die Anden, anschließend trifft man beim Bummel durch das Kneipenviertel *Bellavista* (zu Füßen des Cerro San Cristóbal) die Jugend und die Boheme der Hauptstadt. Wer's schicker mag, fährt zur Restaurantmeile *Av. Nueva Costanera* in Vitacura.

BOCANÁRIZ (U D3) (*🕮 d3*)
Santiagos erste richtige Weinbar! Die Kellner sind ausgebildete Sommeliers und beraten bei der Auswahl aus über 300 chilenischen Tropfen. *J. V. Lastarria 276 | Tel. 2 26 38 98 93*

ETNIKO (U E2) (*🕮 e2*)
Techno-DJs untermalen musikalisch den Sushi-Snack, den sich die junge Schickeria hier gönnt. *Constitución 172 | Bellavista | Tel. 2 27 32 01 19*

LA MAESTRA VIDA (U E2) (*🕮 e2*)
Unprätentiöser Salsa-Tanzboden, am Wochenende treten meist sehr ordentliche Livebands auf. *Pío Nono 380 | Bellavista | Tel. 2 27 77 53 25*

INSIDER TIPP **THELONIOUS**
(U D2) (*🕮 d2*)
Für Genießer: Hier wird Livejazz in intimer Atmosphäre geboten. *Bombero Núñez 336 | Bellavista | Tel. 2 27 35 79 62 | www.theloniouschile.com*

ÜBERNACHTEN

THE AUBREY ● (U E2) (*🕮 e2*)
Das erstklassiges Boutiquehotel mit hervorragendem Restaurant ist in einem restaurierten Stadtpalais zu Füßen des Cerro San Cristóbal untergebracht und bietet lässige Lounge-Atmosphäre zum Wohlfühlen. *15 Zi. | Constitución 317 |*

Tel. 2 29 40 28 30 | www.theaubrey.com | €€€

CONTACT CHILE (O) (*🗺 O*)
Die deutschsprachige Agentur vermittelt über 800 möblierte Apartments für längere Aufenthalte (ab einer Woche). *Rafael Cañas 174 | Tel. 2 22 64 17 19 | www.contactchile.de |* €–€€

DIEGO DE VELÁZQUEZ (O) (*🗺 O*)
Mittelklassehotel mit Pool und Fitnessraum in in bester Lage (Metronähe) in Providencia, allerdings etwas laut. *60 Zi. | Guardia Vieja 150 | Tel. 2 22 34 44 00 | www.hoteldiegodevelazquez.com |* €€

Nervenkitzel für Fortgeschrittene: Abfahrt im Skizentrum Portillo

FUNDADOR (U C4) (*🗺 c4*)
Stilvoll restaurierter und innen modern eingerichteter Klassiker im romantischen Viertel Paris-Londres. *150 Zi. | Paseo Serrano 34 | Tel. 2 23 87 12 00 | www.fundador.cl |* €€€

INSIDER TIPP **MATILDAS** (O) (*🗺 O*)
Distinguiertes, sehr stilvolles Vintage-Boutiquehotel in einem wiederbelebten Adelspalais. *17 Zi. | Agustinas 2149 | Barrio Brasil | Tel. 2 26 61 97 00 | www.matildashotel.com |* €€

NH HOTEL CIUDAD (U F2) (*🗺 f2*)
Beliebtes, funktionales Hotel mit geräumigen Zimmern, gut gelegen. *122 Zi. | Condell 40 | Tel. 2 23 41 75 75 | www.nh-hotels.com |* €€

VILAFRANCA PETIT HOTEL (O) (*🗺 O*)
Ruhiges, schmuckes Boutiquehotel in Metronähe in Providencia, angenehm familiäres Ambiente. *7 Zi. | Pérez Valenzuela 1650 | Tel. 2 22 35 14 13 | www.vilafranca.cl |* €€

AUSKUNFT

MUNICIPALIDAD (U C3) (*🗺 c3*)
Infobüro im Rathaus | Plaza de Armas | Tel. 2 27 13 67 45

SERNATUR (O) (*🗺 O*)
Agentur der nationalen Tourismusbehörde | Av. Providencia 1550 | Tel. 2 27 31 83 36 | www.sernatur.cl

ZIELE IN DER UMGEBUNG

CAJÓN DEL MAIPO

(124 C5–6) *(🕮 D13)*

Am Wochenende fahren die Santiaguinos gern ins Tal des nahen Río Maipo, zu ruhigen Straßendörfern, Picknickplätzen am Fluss und Landrestaurants *(ca. 25 km von Santiago)*. Weiter oben endet der Asphalt, und auf Schotter geht's in die raue Welt der Anden. Leichte Wanderungen führen vom Ferienort *Baños Morales* durch schöne Hochtäler zu den Gletschern des INSIDER TIPP Nationalparks *El Morado* *(70 km südöstlich von Santiago)*. Als Stützpunkt bietet sich das *Refugio Lo Valdés (11 Zi. | Tel. 9 92305930 | www.refugiolovaldes.com | €€)* an, die Hütte des Deutschen Andenvereins.

PASO LOS LIBERTADORES/PORTILLO

(127 F3) *(🕮 D13)*

Durch Obstplantagen und Weingärten steigt die Straße stetig an, bis sie in steile Serpentinen und zuletzt in einen Tunnel übergeht. Der Andenpass (nach Argentinien) ★ *Paso Los Libertadores* auf 3180 m Höhe gehört zu den spektakulärsten Südamerikas. Von der Passhöhe aus eröffnet sich ein toller Blick auf die schneebedeckten Gipfel, besonders auf den höchsten Berg der Anden, den *Aconcagua* (6959 m). Kurz vor der Grenze liegt an der Laguna del Inca das Skizentrum *Portillo* (150 km nordöstlich von Santiago) mit zwölf Skiliften, den schnellsten Pisten der Welt, Heliski etc. Das Hotel *Portillo (123 Zi. | Tel. 2 22630606 | www.skiportillo.com | €€€)* begrüßt auch außerhalb der Schneesaison Gäste mit Apfelstrudel und Kaffee.

SKIZENTREN

Die Bewohner von Santiago haben es im Winter (Juni–Okt.) leichter, auf die geliebten Bretter zu kommen, als die Münchner. 50 km vor der Hauptstadt finden sich die höchstgelegenen (2400–3700 m) und schönsten Skipisten der Welt. Wenn in Europa Sommer ist, kann man sich hier austoben.

Farellones-El Colorado (124 C4) *(🕮 D13)* verfügt über 20 Lifte und Abfahrten aller Schwierigkeitsgrade; nebenan liegt *Valle Nevado*, das edelste und teuerste Wintersportzentrum Chiles – eine Nacht (DZ) im *Hotel Valle Nevado (53 Zi. | Tel. 224777700 | www.vallenevado.cl | €€€)* kostet in der Hochsaison mehr als 300 Euro. Am Wochenende ist der Run auf die Pisten so groß, dass man mehr Zeit im Autostau als auf den Brettern verbringt. Info: *www.skitotal.cl*

TALCA

(127 E5) *(🕮 C14)* **Die heutige Hauptstadt der Region Maule war bereits in Kolonialzeiten ein wichtiges Versorgungszentrum und Treffpunkt der wohlhabenden Haziendabesitzer dieser fruchtbaren Region.**

Heute leben in Talca zwar 250 000 Einwohner, dennoch hat sich die Stadt einen ländlichen Charme bewahrt. Den niedrigen, bunt getünchten Lehmziegelhäusern sieht man die Jahre an, wenn sie nicht bereits von Erdbeben zerstört wurden und gesichtslosen Neubauten gewichen sind. Für den Reisenden bietet sich die Stadt als idealer Ausgangspunkt für Ausflüge in die Zentralanden, zu den Weinütern der Umgebung und an die Küste an.

SEHENSWERTES

Viel zu sehen gibt es in der Stadt selbst nicht: die schattige Plaza de Armas, die platanengesäumte Alameda, den Stadtpark am Ufer des Río Claro – das war's.

Talcas größte Attraktion, das *Museo O'Higginiano y de Bellas Artes (1 Norte 875)*, untergebracht in einer typischen kolonialen Familienresidenz, wurde beim Erdbeben 2010 schwer beschädigt und bislang nicht wieder eröffnet. Ein ähnliches Schicksal erlitt die *Villa Cultural Huilquilemu*, ein wunderschönes Hazienda-Museum *(7 km Richtung San Clemente)*.

ESSEN & TRINKEN

Preiswert und gut isst man in der *Markthalle (1 Sur/4 Oriente)* und im rustikalen *Viejas Cochinas* auf der Westseite der Brücke über den Fluss. Abends lockt die Kneipenmeile *Isidoro del Solar*.

ÜBERNACHTEN

CASA CHUECA ●

Das von deutsch-österreichischen Besitzern geführte Gästehaus ist eine grüne Oase am Ufer des Río Lircay, 6 km außerhalb von Talca. Schwimmbad und Hängematten, Vogelzwitschern und leckere vegetarische Küche laden zum Bleiben ein. Hier gibt es auch Tipps und Kontakte für Reit- und Radtouren, Wein- und Wanderausflüge sowie Bergtouren. *12 Zi. | Viña Andrea s/n | Tel. 711970096 | www.trekkingchile.com/casachueca* | €–€€

HOTEL CASINO TALCA

Modernes Viersterne-Hotel mit geräumigen Zimmern. *80 Zi. | Av. Circunvalación Oriente 1055 | Tel. 712528000 | www.hotelcasinotalca.cl* | €€

ZIELE IN DER UMGEBUNG

ALTOS DE LIRCAY ★

(127 E5–6) *(🗺 D15)*

In dem Naturschutzgebiet in den Anden 70 km östlich von Talca treffen die Säulenkakteen und Hartlaubgewächse der ariden Halbwüste Nordchiles auf die ersten Urwälder des Südens. Unter dem Schattendach von Baumriesen, die mehrere hundert Jahre alt sind, wandert man zu leicht erreichbaren Aussichtspunkten.

WEINKELLER

Der *vino chileno* hat zuletzt international Medaillen abgeräumt und viele Märkte erobert. Die Spanier hatten einst die ersten Trauben für Mess- und Tischwein mitgebracht. Im 19. Jh. importierten visionäre Grundbesitzer edle französische Reben. Ab Ende der 1980er-Jahre rüsteten die Weingüter mit Hochtechnologie auf und holten sich Rat und Kapital in Frankreich, Spanien und Kalifornien. Zum Besuch einer Kellerei (nach Voranmeldung) gehört stets eine Verkostung. Vom Moloch Santiago eingeholt wurde die *Viña Cousiño Macul (Führungen Mo–Sa | Av. Quilín/Tobalaba | Tel. 223514175 | www.cousinomacul.cl)*, das älteste (1546) Weingut Chiles. Ebenfalls leicht zu erreichen ist der Schatzkeller des größten Weinproduzenten ● *Concha y Toro (engl. Führungen Mo–So 10–17 Uhr | Tel. 224765269 | www.conchaytoro.cl)* im Vorort Pirque. 40 km südlich von Santiago liegt in einem Landschaftspark die herrschaftliche *Viña Santa Rita (Tel. 223622520 | www.santarita.com)* mit exklusivem Restaurant und feinem Hotel.

Wichtiger Wirtschaftsfaktor: Weinanbau im Umland von Santiago

Erprobte Bergwanderer können den Cerro Peine (2448 m) erklimmen oder die „UFO-Plattform" Enladrillado erkunden (s. auch Erlebnistour 3, S. 96).

CONSTITUCIÓN (127 A5) *(🗺 C14)*
„Die Kirche", „Der Elefant", „Die Liebenden" – fantasievolle Namen wie diese tragen die fantastischen Felsformationen im Meer direkt an der Küste von Constitución, einer Kleinstadt 110 km westlich von Talca. Die von Tausenden Seeschwalben und Kormoranen weiß getünchten Klippen heben sich prächtig ab vom schwarzen Sandstrand vulkanischen Ursprungs, dazwischen schießt die Gischt empor, und oben kreisen die Pelikane. Etwas weiter nördlich könnte der Kontrast kaum größer sein: Zwischen Küstenstraße und Strand erstrecken sich die (Insidertipp) INSIDER TIPP Dunas de Putú, ein 20 km langes, 3–5 km breites Sanddünenband, das einen Spaziergang lohnt – Sie fühlen sich wie in der Sahara.

TERMAS DE CHILLÁN

(128 B1) *(🗺 C15)* **Lange vor Ankunft der Spanier war den Pehuenche-Indianern die heilsame Wirkung der heißen Quellen bekannt, die 400 km südlich von Santiago an den Hängen des bewaldeten Vulkans Chillán sprudeln.**

Heute bieten hier in 2000 m Höhe einige Hotels ihren Besuchern ganzjährig heiße Naturbäder, im Sommer schöne Wanderrouten aller Schwierigkeitsgrade und einen Bikepark sowie im Winter herrliche Skipisten (insgesamt 28 auf 10 000 ha Hängen!). Für Snowboarder ist eine besondere Piste präpariert. Mit einem Sessellift kann man die Hänge auch im Sommer hinauffahren und dabei von oben die Fumarolen (heiße Gas- und Wasserdämpfe) beobachten, die aus der Asche steigen.

ESSEN & TRINKEN/ ÜBERNACHTEN

GRAN HOTEL TERMAS DE CHILLÁN
Komfortable Bettenburg mit sehr gutem Restaurant. *180 Zi. | Tel. 2 22 33 13 13 | www.termaschillan.cl* | €€€

MI LODGE
Preiswertere, gemütliche Unterkunft im Ferienort Las Trancas, 9 km vor den Thermen. *12 Zi. | Tel. 9 93 21 75 67 | www.milodge.com* | €€

VALLE DE COLCHAGUA

(127 E5) (*⌧ C–D14*) **Rosengesäumte Feldraine, dahinter Rebenspaliere, soweit das Auge reicht, und aus Schläuchen tropft für jeden einzelnen Rebstock das genaue Maß an nötigem Nass – willkommen im Herzen des chilenischen Weinbaugebiets, an der Quelle der schweren, vollmundigen Roten und der frischen, fruchtigen Weißen.**

Zwischen der Provinzhauptstadt San Fernando und der Pazifikküste erstreckt sich, eingerahmt von Hügelketten und bewässert vom Río Tinguiririca, das Colchagua-Tal. Lange, sonnenreiche Sommer mit großem Tag-Nacht-Temperaturgefälle sowie frische Meeresbrisen sorgen hier für einen optimalen Reifeprozess der Trauben. Die hiesigen Güter haben früh das Potenzial des Önotourismus erkannt und eine Weinstraße geschaffen, die weit mehr bietet als nur Verkostungen. Bei INSIDER TIPP *Viu Manent* fährt man in Kutschen durch die Weinfelder, bei *Montes* und *Lapostolle* besichtigt man architektonisch ausgeklügelte Kellereien, während bei *Bisquertt* eine jahrhundertealte Hazienda aufgemöbelt wurde. Bei *Montgras* kann man seinen eigenen Wein keltern, und in der *Viña Santa Cruz* gondelt eine Seilbahn auf eine Hügelkuppe mit „Indianerdorf". Eine Reihe vorzüglicher Hotels und Restaurants im und um den Hauptort Santa Cruz runden die Offerte ab.

SEHENSWERTES

MUSEO DE COLCHAGUA
Hier gibt's ein stolzes Sammelsurium geschichtlicher Kuriositäten und präkolumbischer Kunst zu bewundern: u.a. Landmaschinen und Sakralkunst, Kutschen, Fossilien, historische Waffen, antiken Schmuck. *Tgl. 10–19 Uhr | Errázuriz 145 | Santa Cruz | www.museocolchagua.cl*

ESSEN & TRINKEN/ ÜBERNACHTEN

SANTA FILOMENA DE CUNACO
Geschmackvoll eingerichtetes, intimes B & B mit aufmerksamen Gastgebern, gutem Frühstück und Pool. *4 Zi. | Cunaco | Tel. 722 85 86 91 | www.santafilomenadecunaco.cl* | €€

SANTA CRUZ PLAZA
Das dem Kolonialstil nachempfundene Hotel liegt direkt an der Plaza von Santa Cruz. Die Zimmer sind relativ klein, dafür wird man mit einem schönen Schwimmbad, einem guten Restaurant und einem ● Wellnessbereich *(Inka Spa)* verwöhnt: natürlich auch mit Weintherapie! *116 Zi. | Plaza Santa Cruz | Santa Cruz | Tel. 722 20 96 00 | www.hotelsantacruzplaza.cl* | €€€

VENDIMIA
Romantisches Boutiquehotel mit vorzüglichem Service und Ausflugsangeboten. *8 Zi. | Ismael Valdés 92 | Tel. 722 82 24 64 | www.hotelvendimia.cl* | €€–€€€

Abenteuerlich, wie die Häuser von Valparaíso in den Fels gebaut wurden

AUSKUNFT

RUTA DEL VINO

Weintouren bucht man am besten hier. *Plaza de Armas | Santa Cruz | Tel. 722823199 | www.rutadelvino.cl*

VALPARAÍSO

(127 E3) (*🕮 C13*) **Zu der Hafenstadt mit dem herben Flair (290 000 Ew.) will der Name („Paradiestal") nicht so recht passen. Wie Schwalbennester kleben die Holzhäuser übereinander an der steilen Küste.**

Mehr als drei Dutzend bis zu 400 m hohe Hügel *(cerros)* säumen den Hafen und den *El Plan* genannten Küstenstreifen und geben dem Ort das Gepräge eines Amphitheaters. Alte Schrägaufzüge und unzählige Treppen führen hoch auf die *cerros*. Nicht von ungefähr wurde der alte Stadtkern von der Unesco zum Kulturerbe der Menschheit erklärt.

Mitte des 16. Jhs. lebten schon zahlreiche Kolonisten auf den umliegenden Hügeln, sodass Pedro de Valdivia 1542 einen Hafen gründen konnte. Nach der Unabhängigkeit, zu Beginn des 19. Jhs., öffnete sich Chile dem Welthandel, und Valparaíso wurde zum Anlaufpunkt auf der Schifffahrtsroute vom Atlantik über Kap Hoorn zum Pazifik. Damit kam viel buntes Volk in die Hafenstadt. Von der einstigen Präsenz deutscher Handelshäuser zeugt noch das neoklassizistische Gebäude des *Club Alemán (Salvador Donoso 1337)*, des 1838 gegründeten

CITY WOHIN ZUERST?

Hafen: Zum Hafen, Pazifikluft schnuppern! Hier endet die Metro, und für Autofahrer gibt es an der Plaza Sotomayor am Hafen eine Tiefgarage. Vom Südende des Platzes bringt Sie der Ascensor El Peral auf den Cerro Alegre, zur Aussichtspromenade Yugoslavo. Von hier aus können Sie zur Einstimmung einen Rundgang über die Hügel Alegre und Concepción machen.

Betagte Schienengämse: Seit 120 Jahren befördert der Aufzug Menschen auf den Cerro Artilleria

und damit ältesten deutschen Vereins in Südamerika. Valparaíso ist seit 1990 Sitz des chilenischen Kongresses. Den Parlamentsneubau an der Plaza O'Higgins ließ die Militärjunta errichten. Jetzt pendeln die Abgeordneten zwischen „Valpo", Santiago und ihren Wahlbezirken und benötigen dreimal so viele Mitarbeiter. Valparaíso aber ist, zusammen mit dem benachbarten Viña del Mar, ein Ort, an dem man es länger als eine Legislaturperiode aushalten kann.

SEHENSWERTES

ASCENSORES (AUFZÜGE) ★

Den schönsten Blick auf Valparaíso wirft man aus einem der Schrägaufzüge, z. B. dem *Ascensor Artillería,* der schon 120 Jahre auf dem Buckel hat und auf der 30 Grad steilen, 175 m langen Strecke in 80 Sekunden einen Höhenunterschied von 80 m überwindet. Ein Dutzend weiterer rostiger Schienengemsen sorgt für den Personentransport zwischen Unter- und Oberstadt. Oben angekommen, genießen Sie den *Paseo 21 de Mayo* als einen überwältigenden Aussichtsbalkon der Stadt.

CERROS ALEGRE & CONCEPCIÓN

Die beiden Hügel südlich vom Hafen haben sich in den letzten Jahren zu dem Bohemebezirk schlechthin gemausert. In den kopfsteingepflasterten Gassen mit den bunten Hausfassaden entdeckt man auf Schritt und Tritt etwas Interessantes: hier einen Designerladen mit Schmuck und Kleidern, dort ein schickes Terrassenrestaurant, daneben eine Ausstellung mit Bildern von der Hafenstadt, und ein paar Meter weiter ein nettes Café ... Zwei Aufzüge erschließen die Hügel: Der Ascensor *El Peral* führt hinauf zum *Paseo Yugoslavo,* mit schönem Blick auf den Hafen und dem prachtvollen *Palacio Baburizza,* heute Kunstmuseum. Mit dem *Ascensor Concepción* gelangt man zum *Paseo Gervasoni,* einer Schlendermeile mit ebenso beeindruckender Aussicht.

FISCHEREIHAFEN

Frühaufstehern sei ein Trip zur *Caleta Portales* in Richtung Viña del Mar empfohlen; dort landen die Küstenfischer ihren Fang an, um den sich nicht nur die Menschen, sondern auch Pelikane, Seelöwen und Seeschwalben lautstark streiten. Hier kann man auch gut und preiswert zu Mittag essen.

HAFEN

Der *Muelle Prat,* von wo aus Hafenrundfahrten angeboten werden, und die *Plaza Sotomayor* mit dem Denkmal für die Helden der Seeschlacht von Iquique sind die Ausgangspunkte für einen Bummel über die ☀ Promenade am Hafen.

MUSEO A CIELO ABIERTO

„Museum unter freiem Himmel": Wandgemälde chilenischer Künstler – leider teilweise von Graffitis beeinträchtigt – zieren die Treppen und Stiegen des Viertels *Cerro Bellavista* zwischen farbenfroh bemalten Häusern. Unterwegs trinkt man einen Kaffee auf der Aussichtsterrasse des Gebäudes der *Fundación Valparaíso (Héctor Calvo 205).*

MUSEO NAVAL Y MARÍTIMO

Verstaubtes, aber liebenswertes Marine- und Meeresmuseum in der ehemaligen Seefahrtsschule. *Di–So 10–18 Uhr | Paseo 21 de Mayo/Cerro Artillería*

LA SEBASTIANA

Weiter oben auf dem Cerro Bellavista lässt sich das verwinkelte, mit Sammelstücken voll gestopfte Wohnhaus des Nationalpoeten Pablo Neruda besichtigen. *Di–So 10.30–18 Uhr | Calle Ferrari 692*

BÜCHER & FILME

Liebesgedichte – Der Band enthält die berühmten *Zwanzig Liebesgedichte und ein Lied der Verzweiflung* des chilenischen Nationaldichters Pablo Neruda (1904–73), der 1971 den Nobelpreis für Literatur bekam

Ich bekenne, ich habe gelebt – Die deutsche Ausgabe der viel gelesenen Autobiografie von Pablo Neruda erschien 1974

Das Geisterhaus – Die Chronik einer chilenischen Oberschichtsfamilie wurde zu *dem* (auch verfilmten) Welterfolg der berühmtesten chilenischen Erzählerin Isabel Allende, einer Nichte Salvador Allendes

Mit brennender Geduld – Antonio Skármetas poetischer Roman erzählt die (fiktive) Geschichte von Pablo Nerudas Briefträger

Der Alte, der Liebesromane las – Leicht verdaulicher, aber sehr unterhaltsamer Krimi des in Europa lebenden chilenischen Schriftstellers Luis Sepúlveda

No – Pablo Larraín, einer der produktivsten Regisseure des Landes, erzählt in diesem Film spannend und nostalgisch zugleich von dem Plebiszit im Jahr 1988, das der Pinochet-Diktatur ein Ende setzte

El Club – Eine Gruppe katholischer Priester mit dunkler Vergangenheit trifft in einem einsamen Küstendorf aufeinander ... Der Film von Pablo Larraín gewann den Silbernen Bären auf der Berlinale 2015

ESSEN & TRINKEN

CAFÉ DEL POETA
Caférestaurant mit breit gefächerter Karte (u. a. Crêpes); die Dichter Pablo Neruda und Gabriela Mistral sitzen lebensgroß mittendrin am Tisch. *Plaza Aníbal Pinto 1181 | Tel. 322 22 88 97 | €*

INSIDER TIPP CINZANO
Urige Tangokneipe mit guter heimischer Küche; am Wochenende (Do–Sa) gibt's Livemusik. Ein Tipp: Ergattern Sie einen Platz an der Bar, bestellen Sie einen Pisco sour, und schauen Sie den flinken Barkeepern zu, die hier zum Mobiliar zu gehören scheinen! *Plaza Anibal Pinto 1182 | Tel. 322 21 30 43 | €*

LA COLOMBINA
Originelles Terrassenrestaurant in mehreren Stockwerken am Hang – der Eingang ist oben. Spezialität des Hauses: Meeresfrüchte. *Paseo Yugoslavo 15 | Cerro Alegre | Tel. 322 23 62 54 | €€*

MALANDRINO
Hier wird Holzofenpizza wie in Italien gebacken; bei Einheimischen wie Besuchern gleichermaßen beliebt. *Almirante Montt 532 | Cerro Alegre | Tel. 323 18 48 27 | €€*

TURRI
Die Spezialitäten sind hier Meeresfrüchte und frischer Fisch; spektakulär ist der Blick über die Bucht. *Templeman 147 | Tel. 322 25 20 91 | €€€*

AM ABEND

Beim Bummel über den alten Hafenkai *Muelle Barón* sieht man die Lichter der Stadt funkeln. Später geht es dann in die *Subida Ecuador*, die Kneipenmeile Valparaísos.

ÜBERNACHTEN

INSIDER TIPP A CONTRALUZ
In dem stilvollen, solarbeheizten Boutiquehotel mit toller Aussicht bedienen die herzlichen Besitzer selbst. *12 Zi. | San Enrique 473 | Cerro Alegre | Tel. 322 11 13 20 | www.hotelacontraluz.cl | €€€*

CASA KULTOUR
Das gemütliche Hostel liegt auf dem Cerro Alegre an einer steilen bunten Treppe (keine Autos). Die deutsch-chilenischen Besitzer versorgen ihre Gäste gern mit Informationen und bieten auch Stadtführungen an. *5 Zi. | Templeman 645 | Tel. 998 40 15 50 | www.valpokultour.blogspot.com | €*

GERVASONI
Schön restaurierte Villa mit Weinkeller, Aussichtsterrasse und Restaurant. *14 Zi. | Paseo Gervasoni 1 | Cerro Concepción | Tel. 322 23 92 36 | www.hotelgervasoni.com | €€*

PALACIO ASTORECA
Geschmackvoll modernisiertes Gründerzeit-Palais mit Blick auf Stadt und Bucht, Wellnessbereich und aufmerksamem Personal. *23 Zi. | Monte Alegre 149 | Cerro Alegre | Tel. 323 27 77 00 | www.hotelpalacioastoreca.com | €€€*

AUSKUNFT

INFOKIOSK
Am Hafen | Muelle Prat | Tel. 322 88 22 85

ZIELE IN DER UMGEBUNG

ISLA NEGRA ★ (127 E4) (*C13*)
Eine Autostunde *(70 km)* südlich von Valparaíso liegt der Ort Isla Negra. Hier fand Literaturnobelpreisträger Pablo Neruda 1939 seine Dichterklause. Er

baute das Strandhaus mit exzentrischen Ideen um und füllte es mit den Objekten seiner Sammelleidenschaft: Muscheln, Schnecken, Buddelschiffen etc. Heute ist das Haus *Museum (Di–So 10–18 Uhr | ständig Führungen ohne Voranmeldung | www.neruda.cl)* und Pilgerstätte für alle, die mehr über Neruda erfahren wollen. Im *Café del Poeta* kann man mit Blick auf den Pazifik einen Kaffee trinken oder Mittag essen.

VIÑA DEL MAR (127 E3) *(🕮 C13)*

In Viña del Mar („Weinberg am Meer") finden sich im Gegensatz zum benach-

Pablo Nerudas Strandhaus in Isla Negra ist heute Museum

barten *(10 km)* Valparaíso weder Verladekräne noch Hafenkais, sondern nur noble Villen und von Apartmenthochhäusern und Bettenburgen gesäumte Strände. Das mondäne Seebad (330 000 Ew.) ist seit über 100 Jahren die Sommerfrische der bessergestellten Bewohner der Hauptstadt. Traditionell verpulvern die Spieler unter ihnen im *Casino Municipal* aus den 1930er-Jahren ihr Vermögen. Der Benidorm-Atmosphäre im Januar und Februar entgeht man am besten in den schattigen Parks und in einigen angenehm kühlen und ruhigen Museen und Palästen aus der Gründerzeit.

Empfehlenswerte Restaurants: *Anayak (Quinta 134 | Tel. 32 2 68 00 93 | €)*, ein Mix aus Restaurant, Café und Imbiss; INSIDER TIPP *Cap Ducal (Av. Marina 51 | Tel. 32 2 62 66 55 | €€€)*, das Fisch und Meeresfrüchte serviert; *La Dolce Vita (Av. San Martín 640 | Tel. 32 2 68 75 27 | €€)*, eine gute italienische Trattoria.

Zur Übernachtung bieten sich an: das *Albamar (45 Zi. | San Martín 419 | Tel. 32 2 97 52 74 | www.hotelalbamar.cl | €€)*, ein preiswertes Mittelklassehotel am Casino, das *Oceanic (30 Zi. | Av. Borgoño 12925 | Tel. 322 83 03 90 | www.hoteloceanic.cl | €€)*, eine romantische Herberge direkt am Meer, und das schicke *Hotel Enjoy Viña del Mar (60 Zi. | Av. San Martín 199, hinter dem Casino | Tel. 32 2 50 08 00 | www.enjoy.cl/vina-del-mar/hotel | €€€)*.

DER SÜDEN

Der „Kleine Süden", der Landesteil zwischen dem 38. und 42. Breitengrad, gilt als die „chilenische Schweiz". Wer Skandinavien mag, wird auch Chiles Süden lieben – es ist alles ein bisschen wie in Nordeuropa, aber auch ganz anders: wilder, ungezähmter, kontrastreicher.

Der Süden war bis Mitte des 19. Jhs. Land der Mapuche-Indianer; erst nach vielen Vernichtungsfeldzügen spanischer und später chilenischer Truppen gegen die Ureinwohner drangen die Kolonisten in die Wälder vor und verwandelten die Wildnis in eine Kulturlandschaft mit Ackerbau und Viehzucht – leider auch mit eintönigen Eukalyptusplantagen für die Papierindustrie. In Städten wie Valdivia und in den Dörfern am Llanquihue-See findet man die Spuren deutscher Einwanderer: Giebelhäuser und Schindeldächer, deutsches Bier und Streuselkuchen. Das Klima ist feuchter und wechselhafter als in Nord- und Mittelchile. Die Natur dankt es mit saftigen Weiden und Regenwäldern. Wenn sich die Wolken verziehen, enthüllen die schneebedeckten Vulkankegel ihr Haupt. Zu ihren Füßen breiten sich blaugrüne Spiegel aus: willkommen in der *Región de los Lagos*, dem Seengebiet!

ISLA DE CHILOÉ

(128 A5–6) *(🕮 B–C 19–20)* ★ ● **Die Insel Chiloé, 250 km lang und 50 km breit (150 000 Ew.), liegt wie eine grü-**

 Bild: Isla de Chiloé

Die „chilenische Schweiz": Urwälder und Weideland rund um blaue Seen, in denen sich die schneebedeckten Kegel der Vulkane spiegeln

ne Riesenschildkröte vor dem chilenischen Festland im Pazifik.

Die Bewohner der Hauptinsel und der vorgelagerten Eilande, die Chiloten, überstehen den Wechsel der Winde und den Wandel der Gezeiten mit der stoischen Ruhe wettergegerbter Steuerleute. Sie spinnen ihr Garn auf die langsame, bedächtige Art. *Hacer quercun:* eine Pause einlegen, auf besseres Wetter hoffen, den günstigen Wind abwarten, den Flug der Albatrosse deuten. Die Chiloten sind Kartoffelbauern und Muschelfischer. Ein Boot am Ufer, eine Kuh im Stall, Schweine im Koben und Hühner vor der Hütte hat ein jeder – und Schafe für die Pullover gegen den kalten Wind auch. Fünfsternehotels findet man bislang kaum auf Chiloé. Aber Herzlichkeit und weiche Betten nah am Kanonenofen sind reichlich vorhanden. Die Insel Chiloé ist Balsam für die Nerven.

Ancud und *Castro* heißen die wichtigsten Städtchen der Insel. In den schlichten Kneipen bekommt man frische Austern und Soßen aus Sellerie *(apio)* und Knob-

Farbenfroh: die Pfahlhäuser von Castro

lauch *(ajo)* zum krossen Hammelbraten. Und hinterher Kartoffeltorte! Das frische Wetter macht Hunger. Im westlichen Chiloé erstreckt sich eine unberührte Wildnis von Tepabäumen, Südzypressen und Farnen entlang der sturmgepeitschten Pazifikküste. Tagelang kann man zu Pferd oder auf Schusters Rappen durch die menschenleere Landschaft streifen. Bei Ancud und Quellón pflügen Blauwale den Golf. Fotografen bieten die verträumten Dörfer an der Ostküste prächtige Motive. *Castro* und *Chonchi* sind wegen der bunten Pfahlbauten kleine Blockhütten-Venedigs. ● Selbst die stolzen Kirchen – wie z.B. die doppeltürmige Kathedrale (Iglesia de San Francisco) von Castro – sind gefugt statt gemauert, alles aus Holz und ohne einen einzigen Nagel.

ESSEN & TRINKEN/ ÜBERNACHTEN

FAROS DEL SUR
Freundliche, gemütliche Herberge an der urwüchsigen Steilküste bei Ancud. Alle 12 Zimmer mit Meerblick. *Costanera Norte 320 | Tel. 65 2 62 57 99 | www.farosdelsur.cl |* €

INSIDER TIPP PALAFITO 1326
Das originelle, geschmackvoll eingerichtete Boutiquehotel steht auf Stelzen in der Wattenbucht von Castro und trotzt so den Gezeiten. *8 Zi. | Ernesto Riquelme 1326 | Tel. 65 2 53 00 53 | www.palafito1326.cl |* €€

TRAVESIA
Kleines, gemütliches Lokal mit freundlicher Bedienung und liebevoll zubereiteten lokalen Gerichten. *Eusebio Lillo 188 | Castro | Tel. 65 2 63 01 37 |* €€

AUSKUNFT

SERNATUR
Ancud | Libertad 665 (an der Plaza) | Tel. 65 2 62 28 00 | www.sernatur.cl

PUERTO MONTT

(128 A5) *(C19)* **Die lebhafte Hafenstadt (210 000 Ew.) an der Reloncaví-Bucht besitzt einen spröden Pioniercharme: Holz- und Wellblechhütten stehen neben modernen Betonbauten. Einen Abstecher wert ist der Fischerhafen Angelmó, wo Buden mit Kunsthandwerk und einfache Lokale für Atmosphäre sorgen.**

Erst 1853 wurde der Ort als Anlaufplatz für deutsche Kolonisten gegründet. An der Uferpromenade können Sie ein *Einwandererdenkmal* bestaunen: eine rührende Familienszene in Gusseisen. Puerto Montt ist Einschiffungsort für die Fähren in den patagonischen Süden.

ESSEN & TRINKEN

KIEL

Am Kamin mit Blick auf die verregnete Fördelandschaft wird die Königskrabbe serviert ... Etwas außerhalb. *Camino a Chinquihue, km 8 | Tel. 26 52 25 50 10 |* €€

TABLON DEL ANCLA

Herzhafte Hausmannskost direkt an der Plaza. *Antonio Varas 350 |* €

ÜBERNACHTEN

HOLIDAY INN EXPRESS

Modern und gut, im Einkaufszentrum direkt an der Bucht. *105 Zi. | Av. Costanera | Tel. 26 52 56 60 00 | www.ichotelsgroup.com |* €€

O'GRIMM

Etwas verplüschtes Hotel mit gemütlichen Zimmern. *27 Zi. | Gallardo 211 | Tel. 65 2 25 28 45 | www.ogrimm.com |* €–€€

AUSKUNFT

INFORMACIÓN TURÍSTICA

An der Plaza de Armas

ZIELE IN DER UMGEBUNG

LAGO LLANQUIHUE ★

(128 A–B5) (*C18–19*)

Mal wild schäumend, mal sanft kräuselnd, mal Vulkane spiegelnd: So präsentiert sich ca. 20 km nördlich von Puerto Montt der riesige Llanquihuesee, mit 860 km² das größte Gewässer im Seengebiet (zum Vergleich: der Bodensee ist 538 km² groß). Das Westufer hat sich zu einem Touristenzentrum gemausert. In *Puerto Varas*, *Llanquihue* und *Frutillar* erzählen Holzvillen, Straßenschilder und *kúchenes* von den deutschen Einwanderern, die diese dicht bewaldeten Gefilde

MARCO POLO HIGHLIGHTS

★ Isla de Chiloé
Auf der urwüchsigen Insel leben wetterfeste Menschen, die noch Zeit haben → S. 68

★ Lago Llanquihue
Schwarzwälder Kirschtorte am großen See: zu Gast bei den Nachfahren deutscher Einwanderer → S. 71

★ Parque Nacional Vicente Pérez Rosales
Immergrüner Regenwald voller Leben am Ostufer des Llanquihuesees zu Füssen des Vulkans Tronador → S. 72

★ Parque Nacional Conguillío
Araukarien rund um den schneeweißen, über 3000 m hohen Vulkan Llaima → S. 73

★ Flussfahrten
Von Valdivia aus können Sie romantische Bootstrips auf dem Río Valdivia zu alten spanischen Festungen unternehmen → S. 75

★ Vulkan Villarrica
Ein Feuer speiender Berg sozusagen „zum Anfassen" – zumindest, wenn Sie die Mühe einer langen, anstrengenden Wanderung in Kauf nehmen → S. 77

in Viehweiden verwandelten. Ein nostalgisch verklärtes Bild davon vermittelt das *Museo Colonial (April–Nov. tgl. 10–17.30, Dez.–März 9–19.30 Uhr)* in Frutillar. An sonnigen Nachmittagen sitzt man in Cafés mit Namen wie *Bauernhaus*, schlemmt Schwarzwälder Kirschtorte, taxiert die Flaneure und fühlt sich fast wie am Bodensee – nur dass anstelle von Alpengipfeln die Vulkane Puntiagudo, Osorno und Calbuco vom anderen Seeufer grüßen. Versuchen Sie, eine Musik- oder Theateraufführung im schicken INSIDER TIPP *Teatro del Lago (Frutillar | www.teatrodellago.cl)* zu sehen, entweder im großen Saal mit seiner phantastischen Akustik oder im Amphitheater mit Blick auf den See! Tagsüber lockt der Kunsttempel mit Ausstellungen, einem netten Café und einem Souvenirladen (s. auch Erlebnistour 4, S. 99).

Gut übernachten können Sie in Frutillar im gemütlichen Hotel *Salzburg (31 Zi. | Playa Maqui | Tel. 65 2 42 15 89 | www.salzburg.cl | €€)*. Puerto Varas bietet eine breitere Auswahl und ist auch der bessere Ausgangspunkt für Touren in den Nationalpark Pérez Rosales. Gute Mittelklasse: das Hotel *Bellavista (70 Zi. | V. Pérez Rosales 060 | Tel. 65 2 23 20 11 | www.hotelbellavista.cl | €€)* mit – nomen est omen – tollem See- und Vulkanblick.

PARQUE NACIONAL PUYEHUE

(128 B4) *(C18)*

100 km östlich der eher unattraktiven Agrarstadt Osorno *(ca. 150 km nördlich von Puerto Montt)* erstreckt sich in den Anden der *Puyehue-Nationalpark* (107 000 ha); davor liegen der gleichnamige See und der größere *Rupanco-See*. Der Park wird dominiert vom Vulkan *Puyehue* (2240 m), der zuletzt 2011 gewaltig ausbrach und alles ringsum dick mit Asche bedeckte. Die Region ist im Sommer wie im Winter ein lohnendes Wander- oder Skisportziel. Die heißen Quellen *Termas de Puyehue* und *Aguas Calientes* sind gut geeignet, die vom Wandern verspannten Muskeln wieder zu lockern. Ein traditionsreiches, zum modernen Bade-Spa gestyltes Hotel ist *Termas de Puyehue (Tel. 64 2 33 14 00 | www.puyehue.cl | €€€)*.

PARQUE NACIONAL VICENTE PÉREZ ROSALES ★ (128 B5) *(C18–19)*

Vom Ostufer des Llanquihuesees bis zum Gipfel des Vulkans *Tronador* (3491 m) erstreckt sich dieser Nationalpark (2540 km²). Sein größter Teil ist von immergrünem Regenwald bedeckt. Ein landschaftlicher Höhepunkt ist der türkisfarbene See *Todos Los Santos* (175 km²), der sich bis weit in die Anden hineinzieht. Im Rahmen einer Tagestour leicht erreichbar sind auch die *Wasserfälle des Petrohué* sowie der *Vulkan Osorno* (2652 m), dessen schneebedeckter Kegel wie ein Wächter über der einsamen Landschaft thront. Eine asphaltierte Straße führt an seinen Hängen hinauf zur Talstation des Skilifts. Von hier eröffnet sich auch im Sommer ein herrlicher Panoramablick über den tiefblauen Llanquihuesee.

TEMUCO

(128 B3) *(C17)* **Die Hauptstadt Araukaniens (heute 270 000 Ew.) wurde erst 1881 gegründet – nachdem die letzten Mapuche-Krieger besiegt waren.**

Denn Temuco liegt im Herzen des ehemaligen Mapuche-Reichs, das einst weitgehend von Urwäldern bedeckt war. Die Nachkommen der Ureinwohner führen heute ein Leben am Rande der Gesellschaft; sie verkaufen Kunstgewerbe in der Markthalle oder auf der *feria libre*, dem „freien Markt", beim Bahnhof.

SEHENSWERTES

MUSEO REGIONAL DE LA ARAUCANÍA

Hier werden die Geschichte der Region und die Kultur der Mapuche anschaulich dokumentiert. *Av. Alemania 084 | Di–Fr 9.30–17.30, Sa 11–17, So 11–14 Uhr*

ESSEN & TRINKEN

MARRIET

Leckere Salate, Sattmacher-Sandwiches oder auch ein Stück Kuchen zwischendurch. *Galería Massmann | Arturo Prat 445 |* €–€€

ZUNY TRADICIONES

Hier können Sie authentische Mapuche-Gerichte probieren. *Tucapel 1374/Matta | Tel. 9 84 98 72 23 |* €

ÜBERNACHTEN

BAYERN

Mittelklassehotel, einfacher Komfort, aber sauber und zweckmäßig. *40 Zi. | Av. Prat 146 | Tel. 45 2 27 60 00 | www.hotelbayern.cl |* €€

INSIDER TIPP HOSTAL PEWMAN RUKA

Kleine, familiäre Herberge mit netten, aufmerksamen Gastgebern. *6 Zi. | Francia 245 | Tel. 45 2 59 45 63 | www.pewmanruka.cl |* €

AUSKUNFT

SERNATUR

Claro Solar 899 (Plaza de Armas) | Tel. 45 2 21 19 69

ZIELE IN DER UMGEBUNG

PARQUE NACIONAL CONGUILLÍO ★

(128 B2–3) (*C–D17*)

In diesem Nationalpark östlich von Temuco *(ca. 125 km)* hat die Natur die reizvolle Kombination von wilder Vulkanlandschaft, Bergseen und Araukarienwäldern zur Perfektion gebracht. Der Kegelvulkan *Llaima* (3125 m) führt mit gut zwei Dutzend registrierten Ausbrü-

Spektakulär: die Wasserfälle des Petrohué im Nationalpark Vicente Pérez Rosales

chen (zuletzt 2009) die Liste von Chiles Feuerspeiern an, abzulesen an den erkalteten Lavaströmen, die ringsum Wälder begraben, Flüsse aufgestaut und Seen geformt haben. Wanderwege erschließen den Park. Unterkunft finden Sie in sympathischen Ferienhäusern unter Araukarien, inklusive Hot Tub *(Tel. 65 297 23 36 | www.parquenacionalconguillio.cl | €€).*

VALDIVIA

(128 A4) *(🕮 C18)* **Pedro de Valdivia gründete die Stadt (heute 150 000 Ew.) 1552. In der Folge setzten die Spanier mehrere Forts stromabwärts an die Mündung des Río Valdivia.**

Ihren Aufschwung nahm die Stadt mit der Einwanderungswelle deutscher Kolonisten im 19. Jh. und als Bunkerstation der Kap-Hoorn-Clipper, so lange es den Panama-Kanal noch nicht gab. 1909 wurde Valdivia ein Opfer der Flammen, und 1960 machte das schwerste Erdbeben der Neuzeit die Stadt nahezu dem Erdboden gleich. Valdivia hat sich dennoch wieder aufgerappelt. Die hölzernen Kolonistenvillen verströmen provinziellen Charme, und die Studenten der *Universidad Austral* haben ihren Anteil am Flair dieser jugendlich wirkenden Stadt.

Ausflugsdampfer vor den Markthallen am Flussufer in Valdivia

INSIDER TIPP VALLE DE LONQUIMAY

(128 B2) *(🕮 D17)*

Im Valle de Lonquimay *(ca. 120 km nordöstlich von Temuco)* hat der Vulkan *Lonquimay* (2865 m) eine Aschelandschaft geformt, vor deren Hintergrund schirmförmige Araukarien prangen. 3 km vor *Malalcahuello* verwöhnt ein gemütliches *Gästehaus (La Suizandina | Tel. 45 197 37 25 | www.suizandina.com | €€–€€€)* im Alpenstil mit Federbetten und Körnerbrot.

SEHENSWERTES

INSIDER TIPP **MUSEO VAN DE MAELE**

Die Villa des Brauereibesitzers, Freigeistes und Urvaters der deutschen Einwanderer Karl Anwandter (1801–89), errichtet nach 1860 am Ufer des Río Valdivia und nach Feuersbrünsten, Erd- und Seebeben immer wieder neu aufgebaut, ist heute ein lohnendes kleines Heimatmuseum. Zu sehen sind nicht nur Zeugnisse der Stadtgeschichte, sondern auch prähispanische Fundstücke und Mapuche-Silberarbeiten. *Di–So 10–13, 14–20 Uhr | Los Laureles s/n | Isla Teja*

ESSEN & TRINKEN

MERCADO CENTRAL

Neben dem offenen Flussmarkt *(Feria Fluvial)* kann man auch in der Markthalle schlicht, aber frugal (und natürlich preiswert) zu Mittag essen. *Costanera/ Libertad* | €

LA PERLA DEL SUR

Eins von mehreren guten Lokalen an der Uferstraße: Ceviche, Fisch und Fleisch. *Prat/Yungay | Tel. 63 2 24 55 31* | €€

AM ABEND

Das einheimische Jungvolk trifft sich in der Kneipenmeile Saelzer nahe der Uni, z. B. im INSIDER TIPP *El Growler (Saelzer 41)* mit einer großen Auswahl an heimischen Bieren.

ÜBERNACHTEN

HOSTAL ENTRE RÍOS

Zentral und ruhig gelegener Neubau im Stil der Kolonistenvillen, alle Zimmer mit eigenem Bad. *14 Zi. | Carlos Anwandter 337 | Tel. 63 2 25 93 10 | www.hostalentrerios.cl* | €–€€

NAGUILAN

In der ehemaligen Reederei Haverbeck genießen Sie von allen Zimmer den Flussblick. *33 Zi. | Gral. Lagos 1927 | Tel. 63 2 21 28 51 | www.hotelnaguilan.com* | €€€

AUSKUNFT

SERNATUR

Mo–Fr 8.30–18.30, im Sommer auch Sa/So 10–14 Uhr | Av. Prat 555 | Tel. 63 2 23 90 60

AUSFLÜGE

FLUSSFAHRTEN ★ (124 A4) *(C18)*

Gelb, geräuschlos, schnell: Seit 2015 verkehrt eine Flotte Solartaxis auf dem Fluss. Gleich daneben, am Muelle Schuster, liegen die Ausflugsdampfer für längere Touren. Dort, wo sich der Fluss zur malerischen Meeresbucht bei Niebla öffnet, zeigen sich die Zinnen der Forts von *Isla Mancera, Niebla* und *Corral*. Im 16. Jh. von den Spaniern als Schutz ge-

LOW BUDG€T

Schauen Sie – kostenlos – zu, wie Mapuche-Frauen Textilarbeiten machen und Medizinpflanzen hegen: auf dem Gelände der Fair-Trade-Stiftung *Chol-Chol. Rengalil | 16 km von Temuco | Tel. 45 2 61 40 07 | www.cholchol.org*

Im Fischereihafen Angelmó in Puerto Montt können Sie sehr preiswert und taufrisch Muscheln, Fisch und Seekrebse schlemmen. Unbedingt probieren: den leckeren Allerlei-Eintopf *Curanto*.

gen britische Korsaren und holländische Eroberer errichtet, können sie heute – teilweise restauriert – ohne Gegenwehr von Besuchern erstürmt werden.

VILLARRICA/ PUCÓN

(128 B3) (*🕮 C17*) **Traditionell eine beliebte Sommerfrische, hat sich die Umgebung des Lago Villarrica in den letzten Jahren zum Ziel für Naturfreunde und Outdoor-Freaks gemausert. Kein Feriengebiet in Südchile ist so gut erschlossen.** Das größere Städtchen *Villarrica* und das kleine, aber im Sommer brodelnde *Pucón* sind durch eine von Ferienanlagen gesäumte Uferstraße verbunden. Um den Vulkan *Villarrica* (2840 m) mit seiner ewigen Rauchfahne locken dichte Südbuchen- und Araukarienwälder zum Wandern und Reiten, laden Flüsse zum Rafting ein, warten Thermalbäder und schwarzsandige Strände auf Erholungsbedürftige.

ESSEN & TRINKEN

CASSIS

Das lebhafte Lokal ist ideal für Kaffee und Kuchen zwischendurch, hat aber auch herzhafte Salate und Pizzen im Angebot. *Fresia 223 | Pucón | Tel. 45 2 44 31 65 |* €

FUEGO PATAGÓN

Immer Fleisch auf dem Grill, es gibt aber auch Fisch und Pasta. *Pedro Montt 40 | Villarrica | Tel. 45 2 41 22 07 |* €€

ÜBERNACHTEN

EL CIERVO

Stilvolle Zimmer mit Seeblick, ruhige Lage, reichhaltiges Frühstücksbüfett. *12 Zi. | Gen. Körner 241 | Villarrica | Tel. 45 2 41 12 15 | www.hotelelciervo.cl |* €€

INSIDER TIPP LANDHAUS SAN SEBASTIÁN

Das gastliche Farmhotel der schwäbischen Auswandererfamilie Barth liegt idyllisch im Grünen und besticht mit aufmerksamem Service, toller Küche

DEUTSCH-CHILENEN

Aus Schlesien, Sachsen, Brandenburg, der Pfalz und dem Schwabenland zogen die Auswanderer einst übers Meer: „Den Ersten der Tod, den Nächsten die Not, den Enkeln das Brot." Die deutschen Einwanderer in Chile – nicht mehr als 20 000 kamen von 1846 bis zum Ersten Weltkrieg – mussten sich durchsetzen, nicht nur gegen eine wilde Natur, sondern auch gegen die deftigen Witze, die über die tumben Don Otto und Don Fritz kursierten, die zunächst unter sich blieben und nur notdürftig Spanisch lernten. „In Chile zählt man die Deutschstämmigen nicht, man wiegt sie." Das Bonmot will sagen, dass die Bedeutung der Deutschen nicht an ihrer Zahl, sondern an ihrer „Gewichtigkeit" gemessen wird. Solche Sprüche zeigen, wie sehr die Deutsch-Chilenen trotz ihrer biederen Lebensart als Landsleute geschätzt werden. Darauf ist man stolz in Frutillar, Puerto Varas und anderen Provinzstädten, in denen der „Deutsche Klub", der Club Alemán, noch eine tragende Rolle spielt.

und Ausflugsberatung. *11 Zi. | 18 km von Pucón | Tel. 9 94 43 17 86 | www.landhaus-pucon.de | €€*

LA TETERA

Familiäres Gästehaus; gutes Frühstück, Tagescafé. *8 Zi. | Urrutia 580 | Pucón | Tel. 45 2 46 41 26 | www.tetera.cl | €–€€*

PARQUE NACIONAL VILLARRICA

(128 B3) *(C17)*

Die Besteigung des ★ *Vulkans Villarrica* ist ein Erlebnis, schließlich ist der 2847 m hohe Kegel mit der ewigen Eiskappe einer der aktivsten Vulkane Chiles und der einzige, in dessen Schlund man die Lava brodeln sieht. Freilich brauchen Sie für die 8-stündige Tour an den rauchenden Kraterrand eine gute körperliche Verfassung – und Sonne, um den Rundblick auf Seen und Vulkane zu genießen. *Buchung über Agenturen in Pucón (ca. 75 Euro)*

Der Berg ruft: Bergsteiger auf dem Weg zum Gipfel des Vulkans Villarrica

AUSKUNFT

TRAVELAID

Deutschsprachige Beratung. *Ansorena 425 | Tel. 45 2 44 40 40 | www.travelaid.cl*

ZIELE IN DER UMGEBUNG

PARQUE NACIONAL HUERQUEHUE

(128 B3) *(C–D17)*

In stillen Bergseen spiegeln sich die Araukarien, der Waldboden federt unter den Schritten: Für Wanderer, die unberührte Natur, Stille und Einsamkeit suchen, ist der Nationalpark *(35 km von Pucón entfernt)* genau richtig. Übernachten können Sie im rustikalen *Refugio Tinquilco (Tel. 9 95 39 27 28 | www.tinquilco.cl | €)*.

THERMALBÄDER

Um Pucón sprudeln etliche heiße Quellen im Wald. Die Palette reicht von den Freibecken *Los Pozones* bis zum altgedienten Thermalhotel *Huife (Tel. 45 2 44 12 22 | www.termashuife.cl | €€€)*. Abgelegen, aber traumhaft: die ● INSIDER TIPP *Termas Geométricas (Tel. 9 74 77 17 08 | www.termasgeometricas.cl):* Rote Holzstege verbinden 16 in einen grünen Felsencanyon eingepasste, dampfende Steinbecken, dahinter rauscht ein Wasserfall.

PATAGONIEN

Patagonien, wie der Südzipfel des Kontinents auf argentinischer und chilenischer Seite der Kordillere heißt, lässt die Herzen von Abenteurern höher schlagen: immense, menschenleere Weiten, wilde Landschaften und viel Wind.

Der Legende nach prägte Fernando Magellan den Namen Patagonia, als er 1520 die Durchfahrt vom Atlantik zum Pazifik entdeckte, die später nach ihm benannt wurde. Die hoch gewachsenen Ureinwohner, die Tehuelche, hätten Magellan an den Riesen Pathagon aus einem Ritterroman jener Zeit erinnert. Die südlich der Seepassage gelegenen Gestade hielt man für die Küste des sagenhaften Kontinents Terra Australis, von dem Ptolemäus behauptet hatte, er sei von Kopffüßlern bewohnt. Magellan taufte das Gebiet nach den Rauchsäulen der Ureinwohner *Tierra de los Fuegos* – Feuerland. Als europäische Einwanderer im 19. Jh. die Steppen für die Schafzucht entdeckten und zudem Gold fanden, war es um die halbnomadischen Stämme, die hier lebten, geschehen: Binnen weniger Jahrzehnte wurden die Tehuelche, Ona, Yagan und Alakaluf praktisch ausgerottet; nur wenige überlebten die Verfolgung und die eingeschleppten Krankheiten in Reservaten.

Der sogenannte Große Süden umfasst nicht nur Feuerland und die Magellan-Straße; er beginnt bereits dort, wo der Asphalt aufhört und die *Carretera Austral* ihren Anfang nimmt, südlich von Puerto Montt. Mittlerweile führt die „Südstraße" bis ins 1200 km südlich gelegene Villa

 Bild: Nationalpark Torres del Paine

Am rauen Ende der Welt: Erleben Sie kalbende Gletscher, dunkle Wälder, eisige Gipfel und viel Einsamkeit im tiefen Süden

O'Higgins, wo die Barriere des Patagonischen Eisfeldes den Landweg weiter nach Süden versperrt. Nur auf dem Umweg über Argentinien, per Schiff oder per Flugzeug gelangt man in Chiles südlichste Region Magallanes mit den Naturwundern der *Torres del Paine* und Feuerlands.

COYHAIQUE

(129 F3) (*🕮 C22*) **Die einzige nennenswerte Stadt an der Carretera Austral wurde erst 1929 gegründet und zählt heute rund 50 000 Einwohner.** Abgesehen von der einzigen fünfeckigen Plaza Chiles bietet das friedliche Coyhaique (mehrmals täglich gibt es Flüge von Santiago und Puerto Montt hierher) kaum touristische Attraktionen, wohl aber die nötige Infrastruktur, um von hier aus Nordpatagonien zu erkunden. Im 80 km entfernten Hafen *Puerto Chacabuco* legen die Ausflugsschiffe zu Touren zur berühmten Gletscherlagune *San Rafael* ab.

ESSEN & TRINKEN

DALI
Vom *Calafate Sour* (*Pisco sour* mit Calafatesaft) bis zur pilzgefüllten Lammkeule – in diesem winzigen Restaurant (16 Plätze) kreiert Meisterkoch Cristián Balboa originelle Gerichte aus patagonischen Ingredienzen; reservieren! *Lautaro 82 | Tel. 672245422* | €€

MAMMA GAUCHA
Pizza auf Patagonisch, z. B. mit Lammfleisch. *Horn 47 | Tel. 672210721* | €

INSIDER TIPP LA TABERNA
Fröhlicher Pub, in dem man das köstliche lokale Hausbier D'olbek probieren kann. *Baquedano 1895* | €

ÜBERNACHTEN

PATAGONIA HOUSE
Schickes Boutiquehotel, das ländlich-ruhig am südlichen Ortsausgang liegt. *9 Zi. | Quinta 18 de Julio | Tel. 672211488 | www.patagonia-house.com* | €€

EL RELOJ
Stilvolles, dabei unprätentiöses Familienhotel mit guter Küche. *13 Zi. | Baquedano 828 | Tel. 672231108 | www.elrelojhotel.cl* | €€

Fahrtechnisch ist die Carretera Austral eine Herausforderung, landschaftlich ein Erlebnis

AUSKUNFT

SERNATUR
Touristenauskunft. *Bulnes 35 | Tel. 672240290*

ZIELE IN DER UMGEBUNG

CARRETERA AUSTRAL ★ ●
(128 B5–6, 129 F1–6) (*C18–24*)
Die „Südstraße" wurde ab den 1980er-Jahren in die Unwegsamkeit getrieben und erschloss weite Teile Nordpatagoniens, die bis dahin nicht oder nur per Schiff zugänglich waren. Auf den ca. 500 km von Coyhaique nordwärts bis zum Parque Pumalín fährt man durch

Dschungel, vorbei an nebelverhangenen Fjorden, türkis schimmernden Seen und hängenden Gletschern. Dazwischen liegen einsame Siedlungen. Mieten Sie einen Wagen und lassen Sie sich viel Zeit: Der Weg ist das Ziel. Halt machen können Sie in dem 1935 von Deutschen gegründeten *Puerto Puyuhuapi*. In der Nähe liegt am Ufer eines Pazifikarms das malerischste Thermalhotel Chiles, das INSIDER TIPP *Termas de Puyuhuapi (Tel. 67 2 32 51 03 | www.puyuhuapilodge.com | €€€)*, dessen Anlagen nur per Boot zu erreichen sind und auch Tagesgästen offenstehen. Unterkunft im Ort selbst finden Sie in der heimeligen *Casa Ludwig (10 Zi. | Tel. 67 2 32 52 20 | www.casaludwig.cl | €)*, deren Besitzerin viele Tipps und Geschichten auf Lager hat.

LAGO GENERAL CARRERA ★

(129 F4) *(C–D22)*

120 km südlich von Coyhaique erstreckt sich der größte See Chiles (2240 km^2) und der mit 590 m tiefste Südamerikas: der *Lago General Carrera*, dessen argentinischer Teil *Lago Buenos Aires* heißt. Blaugrün schimmernd und vielarmig verzweigt, liegt er vor der Gipfelkulisse des Patagonischen Inlandeises. Die Carretera Austral führt zunächst an seinem Westufer entlang, vorbei an den märchenhaften Marmorhöhlen bei *Puerto Tranquilo* und mehreren Fishing-Lodges. Während die Carretera ihrem Namen gemäß weiter nach Süden strebt, gelangt man auf einer kurven- und ausblickreichen Stichstraße am Südufer des Sees entlang in den Flecken *Chile Chico*. Von hier verkehrt eine Autofähre nach *Puerto Ibáñez* am Nordufer und ermöglicht eine Rundreise von 550 km ab Coyhaique. Eine der schönsten Unterkünfte unterwegs ist die *Terra Luna Lodge (6 Bungalows, 4 Ap. | Tel. 9 84 49 10 92 | www.terraluna.cl | €€–€€€)* bei Puerto Guadal mit traumhaftem Blick über den See auf die Andengletscher, mit Hot-Tub am Ufer, Verwöhnküche und Exkursionsangeboten.

INSIDER TIPP PARQUE PUMALÍN

(128 B6) *(C19–20)*

Nahe dem Städtchen Chaitén erstreckt sich dieser einzigartige private Naturpark; er umfasst 360 000 ha dicht bewaldeter Berglandschaften, Fjorde und versteckter Naturthermen. Rund um die Fährstation *Caleta Gonzalo* gruppieren sich ein Besucherzentrum mit Restaurant, Campingplatz und Bungalows *(www.parquepumalin.cl | Bungalows €€€)*. Ein Urwaldpfad führt zu einem Wasserfall. Entlang der Straße nach Chaitén locken weitere Zeltplätze, Wanderwege zu tausendjährigen Alercebäumen und der Aufstieg zum Kraterrand des Vulkans *Chaitén*. Seit den 1990er-Jahren schützte der US-

MARCO POLO HIGHLIGHTS

★ **Carretera Austral**
Auf abenteuerlichen Pisten gen Süden → S. 80

★ **Lago General Carrera**
Abenteuer der besonderen Art: Einmal um Chiles größten und tiefsten See herum → S. 81

★ **Parque Nacional Torres del Paine**
Chiles schönster Naturpark → S. 84

★ **Punta Arenas**
Prunkpaläste der Schafbarone → S. 85

★ **Pinguinkolonien**
Zu Besuch bei Frackträgern → S. 87

amerikanische Millionär Douglas Tompkins diese Wildnis und ließ sich sogar hier nieder. Trotz teilweise wütender Angriffe seiner Gegner schuf der 2015 tödlich verunglückte „grüne Gringo" mit dem *Parque Pumalín* ein Modell für sanften Tourismus. Mit Ökoplantagen, Gewächshäusern und touristischen Dienstleistungen ist Pumalín zum größten Arbeitgeber der Region geworden.

In Chaitén kann man nicht nur die Vorräte auffüllen, sondern auch die Zerstörungen besichtigen, die der gleichnamige Vulkan bei seinem Ausbruch 2008 angerichtet hat, als sich eine Lawine aus Asche, Schlamm und Steinen durch die Stadt wälzte. Die z.T. mit Asche gefüllten Häuser sind ein Zeugnis der Kräfte der Natur. Im verschonten Ortszentrum gibt es (wieder) ein paar einfache Unterkünfte, bester Tipp ist aber die 4 km außerhalb gelegene *Posada Kahuel (4 Zi. | Tel. 9 81 56 61 48 | horacio@kahuel.cl | €)* mit modernen Suiten, Zentralheizung und Essen auf Bestellung.

FEUERLAND

(131 D–F4–6) *(🕮 D–F 27–28)* **Schneegekrönte Berggipfel und knorrige Bäume spiegeln sich im kristallklaren Wasser. Dampfschiffenten und Seegrasgänse paddeln schnatternd davon. Der Geruch von Tang und Seesalz, von Torf und Erde steigt in die Nase. Sich auf dem weichen Moosteppich ausstrecken, in die Sonne blinzeln, die Märchenlandschaft betrachten ...**

So einladend mag Feuerland bei Sonnenschein sein – doch das ist nicht die Regel. Meist stürmen kalte Winde über die Fjorde und Berge, und die knorrigen Südbuchen kauern sich kaum 1 m hoch in die geschützten Senken. Feuerland sei der Eingang zum Hades, berichteten die ersten Seefahrer schaudernd von diesem stürmischen Stück Erde. Heute stellt sich das weniger dramatisch dar. Man braucht nur von Punta Arenas aus mit der Autofähre über die Magellan-

ANS ENDE DER WELT

● Patagonien lässt sich auch wunderbar vom Wasser aus erkunden. Mehrere Schiffe fahren auf unterschiedlichen Routen durch nebelverhangene Kanäle, zu imposanten Gletschern und zum mythischen Kap Hoorn.

Kanaltour: Jeden Freitag fährt ein Schiff von Puerto Montt nach Puerto Natales (Fr zurück). *3 Tage | 350–2100 US$ je nach Komfort und Saison | www.navimag.com.* Seit kurzem gibt es dreimal pro Monat eine Verbindung zwischen Puerto Yungay bzw. Tortel an der Carretera Austral und Puerto Natales *(41 Std. | 180 US$ | www.tabsa.cl)*.

Laguna San Rafael: Der San-Rafael-Gletscher und die im Fjord schwimmenden Eisberge sind die Highlights der sechstägigen Kreuzfahrt ab Puerto Montt mit der „Skorpios II" *(ab 1400 US$ | www.skorpios.cl)*.

Feuerland/Kap Hoorn: Auf einem Abenteuerkreuzer kann man die Gletscher, Wälder und Pinguinkolonien Feuerlands inklusive Landgängen erleben. Ausgangspunkte sind Punta Arenas (Chile) oder Ushuaia (Argentinien), Höhepunkt ist der Besuch von Kap Hoorn, der Südspitze Amerikas *(3–4 Tage | 1189–4054 US$ | www.australis.com)*.

Straße nach Porvenir überzusetzen *(tgl. 9 Uhr | 2,5 Std.)*. Wer in dem nüchternen Steppenstädtchen *Porvenir* (4500 Ew.) übernachten will, hat kaum Auswahl; die beste Unterkunft ist noch das nüchterne Hotel *Barlovento (8 Zi. | John Williams 2 | Tel. 61 258 10 00 | www.hotelbarlovento.cl | €€)*. Ein Tagesausflug nach Camerón und zum *Lago Blanco* (131 D–E4–5) *(🕮 E27–28)* an der bewaldeten Nordflanke der Darwin-Kordillere gibt einen guten Überblick über die Geografie. Der Lago Blanco ist ein Paradies der Biber und Wildenten.

Puerto Williams (131 E5) *(🕮 E–F28)*, Chiles äußerster Vorposten (5000 Ew.) auf der zum Feuerland-Archipel gehörenden *Isla Navarino*, ist nur sehr aufwendig auf dem Luft- oder Seeweg zu erreichen. In der südlichsten ständig bewohnten Siedlung der Welt leben die letzten Nachfahren der Yagan-Indianer, von deren Lebensweise das *Museo Martín Gusinde (unregelmäßig geöffnet)* lebendig erzählt. Botanikfreunde sollten dem *Parque Etnobotánico Omora (www.omora.org)* einen Besuch abstatten. Und INSIDER TIPP die südlichste Kneipe der Welt wurde – man glaubt es kaum – in Deutschland gebaut! Ein ehemaliger Rheindampfer diente als Versorgungsschiff für Puerto Williams, bevor er zur Yachthafenbar *Micalvi* umfunktioniert wurde. Übernachten kann man preiswert im familiären *Hostal Akainij (Tel. 61 262 11 73 | www.turismoakainij.cl | €)*, dessen Betreiber auch Touren anbieten.

Magellanpinguin in Fotopose

PUERTO NATALES

(130 C3) *(🕮 C26)* **Die beschauliche Kleinstadt (25 000 Ew.) ist Verwaltungssitz der Provinz Ultima Esperanza („Letzte Hoffnung"), und sie macht diesem Titel durchaus Ehre.**

Puerto Natales wurde erst Ende des 19. Jhs. von deutschen Schafzüchtern gegründet – den leicht verschlafenen Charakter einer Provinzstadt hat der Ort bis heute nicht abgelegt. Patagonische Wellblechbauten stehen neben norddeutschen Klinkerhäusern und modernen Hotels. Puerto Natales ist zentrale Anlaufstelle und Ausgangspunkt für Touren in den *Nationalpark Torres del Paine* und in die umliegende spektakuläre Fjordlandschaft.

ESSEN & TRINKEN

INSIDER TIPP AFRIGONIA

Sambischer Koch meets chilenische Wirtin – und fertig ist die ungewöhnliche kulinarische Fusion aus Afrika und Patagonien, die man hier kosten kann: vorzüglich! *Eberhard 343 | Tel. 61 241 22 32 | €€€*

BAGUALES
In dem lebhaften Pub läuft das hausgebraute Bier gleichen Namens aus dem Zapfhahn, dazu Sandwiches, Tablas und mehr. *Bories 430 | Tel. 61 2 41 19 20 | €*

ÜBERNACHTEN

ALTIPLANICO SUR
Das Designhotel 3 km außerhalb des Ortes besticht mit phantastischem Fjordblick aus den spartanischen Zimmern und mit hochgelobter Küche. *22 Zi. | Huerto 282 | Tel. 61 2 41 25 25 | www.altiplanico.cl | €€€*

AMERINDIA HOSTEL
Schön dekoriertes B & B mit gut geheizten Räumen und nettem Service. *16 Zi. | Barros Arana 135 | Tel. 61 2 41 19 45 | www.hostelamerindia.com | €*

LOW BUDG€T

Das beste Backpacker-Hostel weit und breit gibt es in Puerto Natales: *Erratic Rock*, freundlich, Ausrüstungsverleih für Touren im Torres-del-Paine-Park. *Baquedano 719 | Tel. 61 2 41 03 55 | www.erraticrock.com*

In Punta Arenas über Chiles schönsten Friedhof (Eintritt frei) schlendern und die prunkvollen Mausoleen bestaunen: So nobel wohnen viele Lebende nicht. *Tgl. 8–20 Uhr | Av. Bulnes/Correa |*

In Puerto Natales essen Sie günstig im *Mesita Grande*: alle um einen großen Tisch, und dann kommt die Pizza (ab 6 Euro). *Arturo Prat 196 | Tel. 61 2 41 15 71*

NOI INDIGO
Todschick, dabei gemütlich, unter dem Dach ein wunderbarer Wellnessbereich: baden und massiert werden mit Blick auf die Bucht. *29 Zi. | Ladrilleros 105 | Tel. 61 2 74 06 84 70 | www.noihotels.com | €€€*

AUSKUNFT

INFORMACIÓN TURÍSTICA
Städtisches Infobüro im *Historischen Museum;* sehr hilfsbereite Mitarbeiter. *Bulnes 285 | Tel. 61 2 41 12 63*

ZIELE IN DER UMGEBUNG

BALMACEDA- UND SERRANO-GLETSCHER (130 B2–3) (*🗺 C26*)
Ein Bootstrip ab Puerto Natales entführt in die Welt der Fjorde und Kanäle. Nebelwälder bedecken die Ufer, Kormorane nisten an den Wänden, Seelöwen räkeln sich auf Felsen. Vom Südlichen Patagonischen Eis stoßen die Gletscher Balmaceda und Serrano herab in den Pazifikarm. Wer will, kann in Schlauchboote umsteigen und flussaufwärts auf dem Río Serrano in den Nationalpark Torres del Paine fahren. *Buchungen über jede Agentur | Tagestour ca. 100 Euro (inkl. Mittagessen)*

PARQUE NACIONAL TORRES DEL PAINE ★ (130 B2) (*🗺 C25–26*)
130 km nördlich von Puerto Natales liegt eines der attraktivsten Reiseziele des Landes. Der *Nationalpark Torres del Paine,* von der Unesco zum Biosphärenreservat erklärt, zählt zu den wunderbarsten Berglandschaften der Erde. In seinem Zentrum ragen die Felsnadeln des Massivs abrupt aus der Steppe auf. Im Norden begrenzt das *Patagonische Eisfeld* das Gebirge, im Süden eine Perlenkette von Gletscherseen und im Westen der *Grey-Gletscher.* Das granitene Paine-

Massiv ist wegen seiner Steilwände eine Herausforderung für Bergsteiger. Der Zugang zu dieser Märchenwelt aus Eis, Fels und Wald erfolgt über Schotterpisten von Natales aus per Mietwagen oder Linienbus.

Schon bei einer Tagestour bekommt man einen Eindruck von den Wildwassern, Gletscherseen und Bergriesen. Die schönsten Ecken erschließen sich per pedes: etwa auf der W-Wanderung (wegen der w-förmigen Wegeführung, 3–4 Tage) oder dem kompletten Rundweg um das Massiv (7–10 Tage). 2011 verbrannten im Park 13 000 ha Naturwald und Steppe durch die Fahrlässigkeit eines Touristen; die Spur des Feuers wird noch lange zu sehen sein. Sie können die Wiederaufforstung unterstützen mit einer Baumspende unter *www.reforestemospatagonia.cl.*

Touren organisieren Reisebüros in Puerto Natales und Punta Arenas. Für Wanderer stehen Campingplätze und Hütten bereit. Die Hotels im Park verdoppeln in der Saison (Nov.–März) die Preise, so die *Hostería Lago Grey (Tel. 612712100 | www.lagogrey.cl | €€€)* neben den Eisbergen des Grey-Sees, von wo auch eine INSIDER TIPP Schiffstour zur Gletscherwand startet. Preiswerte Alternative: das Hotel *Lago Tyndall (21 Zi. | Tel. 61 2614682 | €€)* am südlichen Parkrand.

Faszinierende Eiswand: Grey-Gletscher im Nationalpark Torres del Paine

PUNTA ARENAS

(130 C4) (D27) ★ **Schafe und Fische haben der Hafenstadt (130 000 Ew.) an der Magellan-Straße Reichtum gebracht. Ihre politische Bedeutung errang die Stadt aus dem Wettstreit mit Argentinien, die Südspitze des Kontinents zu besetzen, und als Bunkerstation in der Zeit vor der Existenz des Panama-Kanals.**

Den herben Charme eines Vorpostens der Zivilisation am Ende der Welt hat die Stadt bis heute nicht abgelegt. Ab Mitte des 19. Jhs. zogen Immigranten aus Europa in die aufblühende Stadt, deren Hinterland von Schaffarmern belegt wurde. Einige Paläste künden noch vom alten Glanz, besonders jene der Dynastie des Wollbarons José Menéndez, des „Königs von Feuerland". Punta Arenas ist der Ausgangspunkt für alle Exkursionen in die labyrinthische Inselwelt Feuerlands und zum Kap Hoorn.

In den Palästen an der Plaza de Armas residierten einst die Schafbarone

SEHENSWERTES

Rund um die zentrale *Plaza de Armas* liegen die Stadtpaläste der Schafbarone. Der interessanteste Weg zum Hafen führt über die Uferpromenade *Costanera*. Hier liegen noch einige rostige Pötte vertäut, die allerdings nur noch als Pontons dienen. Wer auf dem Rückweg über die Straßen Roca und Fagnano zum *Cerro de la Cruz* aufsteigt, wird mit einem herrlichen Blick über die Stadt, die Magellan-Straße und die Nordküste Feuerlands belohnt.

INSIDER TIPP NAO VICTORIA

Das einzige der fünf Schiffe Magellans, das 1522 nach dreijähriger Reise die erste Weltumsegelung vollendete, war die „Victoria" – ohne Magellan, der auf den Philippinen starb. Seit 2011 kann man am Ufer der nach ihm benannten Meeresstraße eine originalgroße Replik des Dreimasters besichtigen – mit allem Drum und Dran, sogar die Seeleute sind als lebensgroße Puppen präsent. *Tgl. 9–19 Uhr | km 7,5 an der Straße Richtung Flughafen | www.naovictoria.cl*

PALACIO BRAUN-MENÉNDEZ

In dem prächtigen Stadtpalast vermittelt die erlesene, aus Europa importierte Inneneinrichtung eine Ahnung davon, wie fürstlich die patagonische High Society einst lebte. *Di–So 10.30–17 Uhr | Magallanes 949*

ESSEN & TRINKEN

LA CUISINE
Französisch-patagonische Fusion vom Feinsten. *So geschl. | O'Higgins 1037 | Tel. 612228641* | €€

INSIDER TIPP LA MARMITA
Nett eingerichtetes, von Reisenden hoch gelobtes Lokal mit patagonischen Köstlichkeiten und vegetarischen Gerichten; mehrsprachige Bedienung. *Plaza Sampaio 678 | Tel. 612222056* | €€

TAPIZ
Das sympathische Tagescafé ist der richtige Ort für den Snack zwischendurch: frischgepresste Säfte, heiße Schokolade, Sandwiches und Käsekuchen. *Roca 912 | Tel. 965655294* | €

SPORT & FREIZEIT

KAJAK FAHREN
In der Magellanstraße mit Delfinen und Pinguinen um die Wette paddeln – die Agentur *Kajak Bahía Fresca* macht's möglich. *Tour von 4 Std. ab Punta Arenas ca. 85 Euro | www.kayakaguafresca.com*

ÜBERNACHTEN

CÓNDOR DE PLATA
Familiäres Hotel, benannt nach dem Buch des Feuerland-Fliegers Gunther Plüschow: einfach, gut und günstig. *15 Zi. | Av. Colón 556 | Tel. 612247987 | www.condordeplata.cl* | €

DREAMS DEL ESTRECHO
Das moderne Hotel der *Kasino*-Kette liegt unübertroffen am Meeresufer und überzeugt mit großzügigen Zimmern, luxuriöser Einrichtung und einem Wellnessbereich. *88 Zi. | O'Higgins 1235 | Tel. 6006260000 | www.mundodreams.com* | €€€

ORO FUEGUINO
Sympathisches Hostel in ruhiger und zentraler Lage, alle Zimmer mit Bad, TV und Zentralheizung. *13 Zi. | Fagnano 356 | Tel. 612249401 | www.orofueguino.cl* | €–€€

AUSKUNFT

SERNATUR
Informationsbüro nahe der Plaza. *Navarro 999 | Tel. 612248790*

ZIELE IN DER UMGEBUNG

PINGUINKOLONIEN ★ ●
(130 C4) (🕮 D27)
In der Nähe von Punta Arenas lassen sich Magellanpinguine gut beobachten. Auf dem Landweg erreicht man die Kolonie am *Seno Otway*, einer weiten Pazifikbucht, an der die bis zu 70 cm großen Vögel in Erdhöhlen nisten. Markierte Pfade führen durch Teile des Brutgebiets, die Tiere sind an die Nähe kameraschwingender Zweibeiner gewöhnt. Noch eindrucksvoller ist die Kolonie auf der kahlen *Isla Magdalena* in der Magellanstraße, wo bis zu 250 000 Pinguine leben (Tagestour per Schiff).

INSIDER TIPP WALBEOBACHTUNG
(130 B–C4) (🕮 C–D27)
Rund um die *Isla Carlos III* im Nordwestarm der Magellan-Straße werden regelmäßig Buckelwale gesichtet. Der Anblick dieser bis zu 16 m langen und 30 t schweren Giganten lohnt die beschwerliche Schiffs- und Schlauchboottour durch die kühlen, regenreichen Pazifikfjorde. *3 Tage | 1500 US$ | www.whalesound.com*

ERLEBNISTOUREN

1 CHILE PERFEKT IM ÜBERBLICK

START: 1 Santiago
ZIEL: 27 Zapallar

27 Tage
reine Fahrzeit (Auto)
ca. 85 Stunden

Strecke:
ca. 10 000 km, davon 6000 km Flüge

KOSTEN: ca. 1000 Euro für Flüge, 3000 Euro für Unterkunft (Mittelklassehotels), 1500 Euro für Verpflegung, 100 Euro für Eintrittsgelder (jeweils für zwei Personen), plus ca. 1650 Euro für Mietwagen, Benzin und Maut

MITNEHMEN: Wanderausrüstung, Badesachen, Sonnenschutz, Regenjacke, warmer Pullover/Fleecejacke

ACHTUNG: In der Hochsaison (Dez.–Feb.) sollten Sie Mietwagen, Inlandsflüge und Unterkünfte vorbuchen.

Jeder Zipfel dieser Erde hat seine eigene Schönheit. Wenn Sie Lust haben, die einzigartigen Besonderheiten dieser Region zu entdecken, wenn Sie tolle Tipps für lohnende Stopps, atemberaubende Orte, ausgewählte Restaurants oder typische Aktivitäten bekommen wollen, dann sind diese maßgeschneiderten Erlebnistouren genau das Richtige für Sie. Machen Sie sich auf den Weg und folgen Sie den Spuren der MARCO POLO Autoren – ganz bequem und mit der digitalen Routenführung, die Sie sich über den QR-Code auf S. 2/3 oder die URL in der Fußzeile zu jeder Tour downloaden können.

In nur vier Wochen ganz Chile kennenzulernen ist angesichts der enormen Ausdehnung des Landes nicht einfach. Da heißt es Akzente setzen: Die Reise geht durch Mittel- und Südchile, mit einer abschließenden Tour in die Wüste im Norden.

Nach dem langen Überseeflug erst einmal ankommen und sich umschauen in der Hauptstadt ❶ **Santiago → S. 51**, wo Sie zweimal übernachten. Unternehmen Sie einen Rundgang durch das historische **Zentrum** und die **Parks**, erklimmen Sie per Aufzug oder Seilbahn den **Stadtberg**, und schlendern Sie durchs Szeneviertel **Bellavista**. Am nächs-

TAG 1–2
❶ Santiago
CITY
125 km

Bild: Cerro Santa Lucia, Santiago de Chile

2 Valparaíso

ten Tag **geht's mit dem Bus in 1,5 Stunden in die Hafenstadt** **2 Valparaíso** → **S. 63**: Streifen Sie über die Hügel mit ihren ratternden Schrägaufzügen, Aussichtspromenaden und bunten Bohemevierteln; abends sind Sie zurück in Santiago.

TAG 3–6

320 km

3 Valle de Colchagua

167 km

4 Casa Chueca

65 km

Morgens übernehmen Sie den Mietwagen und reisen gen Süden, zunächst ins Herz der Weinstraße, ins **3 Valle de Colchagua** → **S. 62**. Nach dem Besuch des Weinguts **Viña Santa Cruz** (inkl. Verkostung) schläft es sich umso besser, z. B. in der gastfreundlichen **Posada Colchagua** *(www.posadacolchagua.cl | €€)*. Nächste Station ist tagsdrauf das üppig grüne Gästehaus **4 Casa Chueca** → **S. 60** bei

Talca, Ausgangspunkt für zwei abwechslungsreiche Tagesausflüge an den beiden folgenden Tagen: die Wanderung durch das Naturreservat 5 **Altos de Lircay** → S. 60 mit seinen wilden Bergkulissen und der Besuch der 6 **Figurenfelsen** an der Küste von Constitución und der 7 **Dünen von Putú** – Sahara-Feeling am Meer!

Auf dem langen Band der Panamericana geht es weiter nach Südchile. 8 **Malalcahuello** → S. 74 im Lonquimay-Tal ist der ideale Ort, um die majestätischen Araukarien-Schirmbäume zu bewundern. **Der nächste Tag führt Sie vorbei** an den imposanten Lavaströmen und durch die tausendjährigen Araukarienwälder des 9 **Parque Nacional de Conguillío** → S. 73 nach 10 **Pucón** → S. 76, wo Sie im idyllischen Landhaus **San Sebastián** fernab des Stadttrubels absteigen. An Tag 9 heißt es früh aufstehen: Der Vulkan 11 **Villarrica** will bestiegen werden! Preis für die Anstrengung ist der Blick in den glühenden Schlund. Zwei weitere Tage sollten Sie hier einplanen: einen für die Wanderung durch die verschwiegenen Naturwälder des 12 **Parque Nacional Huerquehue** und einen zum Relaxen, z. B. in den traumhaften 13 **Termas Geométricas**.

Nächste Station ist 14 **Puerto Varas** → S. 71 am riesigen **Lago Llanquihue**, in dem sich die Vulkane spiegeln – wählen Sie für drei Nächte ein Hotel mit Seeblick! Im benachbarten 15 **Frutillar** wandeln Sie auf den Spuren der deutschen Einwanderer des 19. Jhs., in den Cafés wird *kúchen* serviert. Eine Tagestour führt am Südufer des Sees entlang zu fotogenen Kaskaden vor dem Vulkan Osorno im 16 **Parque Nacional Vicente Pérez Rosales** → S. 72; vom Skizentrum am Vulkan können Sie den Blick über den Lago Llanquihue schweifen lassen.

Heute ist Reisetag: Adiós a Los Lagos! Am Flughafen von 17 **Puerto Montt** → S. 70 **geben Sie den Wagen wieder ab. Per Inlandsflug (2 Std.) gelangen Sie an den windigen Südzipfel des Kontinents, nach** 18 **Punta Arenas** → S. 85 an der Magellanstraße. Versäumen Sie nicht, dem prächtigen **Palacio Braun Menéndez** einen Besuch abzustatten! **Per Mietwagen fahren Sie am nächsten Tag Richtung Norden** – mit einem Schlenker an den INSIDER TIPP putzigen Pinguinen am 19 **Seno Otway** vorbei – **über Puerto Natales** in den weltberühmten 20 **Parque Nacional Torres del Paine** → S. 84. Reservieren Sie rechtzeitig eine Bleibe und nehmen Sie sich drei volle Tage Zeit, um mit dem

5 Altos de Lircay
180 km
6 Figurenfelsen
33 km
7 Dünen von Putú

TAG 7–11

590 km
8 Malalcahuello
54 km
9 P. N. de Conguillío
150 km
10 Pucón
60 km
11 Villarrica
60 km
12 P. N. Huerquehue
72 km
13 Termas Geométricas

TAG 12–14

393 km
14 Puerto Varas
28 km
15 Frutillar
87 km
16 P. N. Vicente Pérez Rosales

TAG 15–19

82 km
17 Puerto Montt
1395 km
18 Punta Arenas
58 km
19 Seno Otway
380 km
20 P. N. Torres del Paine

Wagen und per pedes die immer neuen Ausblicke auf das schroffe Felsmassiv, die Gletscherseen und Guanakoherden des Parks zu erkunden. Nicht verpassen: die Bootstour zur blauen Wand des **Grey-Gletschers**, dessen Eisberge auf dem gleichnamigen See treiben …

TAG 20–27

2655 km

㉑ Santiago

1365 km

㉒ San Pedro de Atacama

15 km

㉓ Valle de la Luna

135 km

㉔ Atacama-Salzsee

82 km

㉕ Altiplano-Lagunen

215 km

㉖ Tatio-Geysire

1565 km

㉗ Zapallar

Schließlich geht's wieder zurück nach Punta Arenas und per Flugzeug nach ㉑ Santiago **→ S. 51**. Ein Abendessen im **Barrio Lastarria**, dann starten Sie am Tag 21 zur letzten Etappe: **mit dem Flieger nach Calama und per Transferbus oder Mietwagen ins Oasenstädtchen ㉒ San Pedro de Atacama** **→ S. 47**. Größer könnte der Kontrast kaum sein: eben noch im grünen Patagonien, plötzlich in der staubtrockenen Atacamawüste! Entweder mit organisierten Tagestouren oder auf eigene Faust mit dem Mietwagen, aber immer mit Basis in einer der Lehmziegel-Herbergen in San Pedro, erkunden Sie in drei Tagen die Naturwunder in der Umgebung: das surreale „Mondtal" **㉓ Valle de la Luna** in der Salzkordillere, den riesigen **㉔ Atacama-Salzsee** mit den Flamingokolonien, die malerischen **㉕ Altiplano-Lagunen** auf 4500 m, die bei Morgensonne sprudelnden **㉖ Tatio-Geysire** … **An Tag 25 fliegen Sie wieder nach Santiago und erreichen mit dem Mietwagen in zwei Stunden das Küstenstädtchen ㉗ Zapallar**. Hier gönnen Sie sich im Hotel **Isla Seca** *(www.hotelislaseca.cl | €€€)* anderthalb Strandtage mit Sonne und leckerer Meereskost, bevor Sie am 27. Tag voller Eindrücke den Rückflug nach Hause antreten.

2 DIE GROSSE WÜSTENTOUR

START: ① Calama
ZIEL: ① Calama

Strecke:
1475 km

7 Tage
reine Fahrzeit
ca. 30 Stunden

KOSTEN: ca. 800 Euro für Mietwagen und Benzin, ca. 1500 Euro für Unterkunft und Essen (2 Pers.)
MITNEHMEN: warme Kleidung, Badesachen, Sonnenschutz

ACHTUNG: Jan.–März ist im Altiplano mit Unwettern zu rechnen. Dann können Straßenverbindungen beeinträchtigt sein. Mietwagen (Jeep oder Pick-up!) und Hotels vorab reservieren.
Bustour ab Calama zur Kupfermine ⑭ **Chuquicamata** (13 Uhr) nur Mo–Fr und nur nach Voranmeldung: *Tel. 55 32 21 22*

Diese Tour vermittelt beispielhaft einen Eindruck von den wilden Weiten der Atacamawüste und des Andenhochlands. Sie erschließt in acht Tagen einige der beeindruckendsten Naturwunder des Hohen Nordens.

Der Flieger aus Santiago landet mitten in der ockerfarbenen Einöde, auf 2600 m Höhe, auf dem Flughafen von ❶ **Calama** → S. 38. Dass Sie hier im Herzen der Atacamawüste sind, spüren Sie sofort an der staubtrockenen Luft. Sie übernehmen den geländegängigen Wagen **und steuern auf der R-23 durch eine unwirkliche Mondlandschaft**. Der wolkenlose, blaue Himmel wird durch die heißen Gesteinsflächen reflektiert, und Sie glauben, auf riesige Seen zuzusteuern: eine Fata Morgana. Bis Sie tatsächlich den ersten grau-weißen Salzsee ausmachen. Die schneebedeckte Andenkette im Osten bildet dazu eine traumhaft unwirkliche Kulisse. **Nach 90 km durchquert die Straße in engen Kurven die verwitterte Salzkordillere;** halten Sie am Aussichtspunkt ❷ **Piedra del Coyote** und genießen Sie das faszinierende Panorama! Unten sehen Sie schon die grüne Oase, in die ❸ **San Pedro de Atacama** → S. 47 eingebettet ist. Die einstige Siedlung der Atacameño-Indianer hat sich wegen ihrer einzigartigen Lage zum Touristenzentrum des Nordens gemausert. In einem der Bungalow-Hotels im Terrakottastil, z. B. im **Incahuasi**, beziehen Sie Quartier für drei Nächte.

TAG 1

❶ Calama

95 km

❷ Piedra del Coyote

7 km

❸ San Pedro de Atacama

TAG 2

21 km

④ Valle de la Luna

11 km

⑤ San Pedro de Atacama

Den Tag sollten Sie nutzen, um den Ort und die nähere Umgebung zu erkunden und sich für die Ausflüge in höhere Gefilde zu akklimatisieren. Die **Kirche** aus Kakteenholz, das archäologische **Museum**, der **Friedhof** mit den ausgeblichenen Papierblumen und die **Festung Quitor** sind zu Fuß erreichbar. Am Nachmittag steht dann das **④ Valle de la Luna** → S. 49, das Mondtal, mit seinen skurrilen Salzformationen und Sanddünen auf dem Programm – Sonnenuntergang inklusive. Abends sind Sie wieder in **⑤ San Pedro de Atacama**.

TAG 3

100 km

⑥ Toconao

85 km

⑦ Lagunen Miscanti und Meñiques

41 km

⑧ Piedras Rojas

122 km

⑨ Laguna Chaxa

62 km

⑩ San Pedro de Atacama

Nehmen Sie Proviant mit für einen langen Tag! **Auf der R-23 geht es Richtung Südosten.** Zur Rechten erstreckt sich die gleißende Fläche des **Salar de Atacama**, zur Linken reihen sich die Fünf- und Sechstausender. Einen Halt lohnt der ursprüngliche Flecken **⑥ Toconao**; mit etwas Glück können Sie einer Atacameña vor ihrer Adobe-Hütte beim Weben zuschauen. **Dann schraubt sich die Straße hinauf auf über 4000 m,** zu einem im Wortsinn atemberaubenden Panorama: die **⑦ Lagunen Miscanti und Meñiques** → S. 49 fungieren hier als von Salzkrusten gesäumte Spiegel für die gleichnamigen Vulkane. Ca. 40 km weiter folgt ein ebenso beeindruckendes Fotomotiv: die **⑧ Piedras Rojas**, tiefrote Gesteinsformationen am Ufer des **Salar de Talar**. Auf dem Rückweg ist dann ein Abstecher zur **⑨ Laguna Chaxa** im Zentrum des **Salar de Atacama** obligatorisch – hier lassen sich gut Flamingos beobachten. Zurück in **⑩ San Pedro de Atacama**, haben Sie sich ein entspannendes Bad verdient: **28 km auf der B-245 entfernt** sprudeln in einem grünen Tal mitten in der Wüste heiße Quellen, die **Termas de Puritama**. Bei einem Dinner im **Baltinache** → S. 48 kommen Sie wieder zu Kräften.

TAG 4

150 km

⑪ Tatio-Geysire

110 km

⑫ Chiu Chiu

33 km

⑬ Calama

Heute fahren Sie drei Stunden vor Sonnenaufgang los (mit Ihrem Gepäck!), um rechtzeitig bei den **⑪ Tatio-Geysiren** → S. 49 einzutreffen. Nur in der Morgensonne schicken die Geysire auf 4300 m Höhe ihre Dampffontänen in die eiskalte Morgenluft – ein Spektakel! **Über das einsame Altiplano (Hochebene) geht es weiter in die pittoreske Flussoase Caspana,** wo die indigenen Bewohner vom Terrassenfeldbau und der Lamazucht leben. **Dann führt die Straße wieder hinunter,** vorbei an tollen Canyons und dem verblüffenden Wüstensee Inka-Coya ins Dorf **⑫ Chiu Chiu** mit einer der berühmtesten Kirchen Nordchiles, und schließlich nach **⑬ Calama**, wo Sie im **Hilton Doubletree** am besten aufgehoben sind (zwei Nächte).

Krasser Themenwechsel: Um 13 Uhr beginnt in Calama die Bustour, um den größten Tagebau der Welt zu besichtigen: die Kupfermine ⑭ **Chuquicamata → S. 40**. Das riesige Loch ist bereits an seine Grenzen gestoßen; derzeit wird die Mine unterirdisch weitergebaut. **Von Calama kommen Sie am nächsten Tag auf der R-25 schnell voran, vorbei an verlassenen Salpeterminen. Sie erreichen die Panamericana und fahren noch 1 km nach Norden zur Salpetermine** ⑮ **Chacabuco → S. 35**, einer Geisterstadt in der Wüste. **Bei** ⑯ **Antofagasta → S. 33 erreichen Sie den Pazifik;** hier lohnt ein Bummel durch die Altstadt am Hafen. Die letzte Tagesstation ist ⑰ **Mejillones**, eine Mischung aus Strandbad und Erzhafen. Ein Foto von **La Portada**, dem Felsentor im Meer, ist obligatorisch. Bei einer Bootsfahrt beobachten Sie Delfine und Meeresschildkröten. Im **Hotel Alto del Sol Plaza** *(80 Zi. | Pasaje Almirante Goñi 238 | Tel. 5 52 62 32 20 | www.hotelaltodelsol.cl | €€)* genießen Sie den Blick aufs Meer.

Das Meer begleitet Sie weiterhin auf der Küstenstraße R-1, vorbei an einsamen Felsenstränden und Fischerdörfern. **In der Hafenstadt Tocopilla biegen Sie landeinwärts ab auf die R-24, welche die Küstenkordillere überwindet. Ein Schlenker führt nach** ⑱ **María Elena**, einer „Company-Town" mit der letzten noch in Betrieb befindlichen Salpeterraffinerie. Im Ort gibt's eine Kirche, simple Kantinen sowie ein winziges, aber eindrucksvolles **Museum** *(tgl. 10–13, 15–21 Uhr)* rund ums Thema Salpeter. **Zurück auf der**

TAG 5–6

20 km

⑭ Chuquicamata

140 km

⑮ Chacabuco

103 km

⑯ Antofagasta

61 km

⑰ Mejillones

TAG 7

200 km

⑱ María Elena

110 km

Ausflug auf einen fremden Planeten: das karge Valle de la Luna

1 Calama

R-24, geht's auf einer wie mit dem Lineal durch die Wüste gezogenen, sanft ansteigenden Straße nach Chuquicamata und wieder zurück nach 1 Calama.

3 ENLADRILLADO-TRAIL: WANDERN ZUM UFO-LANDEPLATZ

START: 1 Vilches
ZIEL: 1 Vilches

2 Tage
reine Gehzeit
ca. 11 Stunden

Strecke: 33 km
leicht
Höhenmeter: 1300 m

KOSTEN: Bus von Talca 6 Euro hin und zurück, Eintritt Naturreservat Altos de Lircay 7 Euro, plus Verpflegung

MITNEHMEN: wetterfeste Kleidung, Sonnenschutz, Wanderausrüstung, Zelt, Schlafsack, Verpflegung, genügend Wasser

ACHTUNG: Beste Wanderzeit: Nov.–April
Für diese Bergtour können Sie auch einen Führer und/oder Packpferd heuern. Kontakt: Frank Holl *(www.costaycumbretours.cl)* oder über die Unterkunft Casa Chueca → S. 60 in Talca. Eine Wanderkarte „Condor Circuit" gibt es bei *maps.trekkingchile.com*.

Wer unberührte, imposante Landschaften sucht, der muss nicht die weite Reise in die Atacamawüste oder nach Patagonien auf sich nehmen. In den Zentralanden, im Herzen des Landes, finden Naturfreunde, was das Herz begehrt.

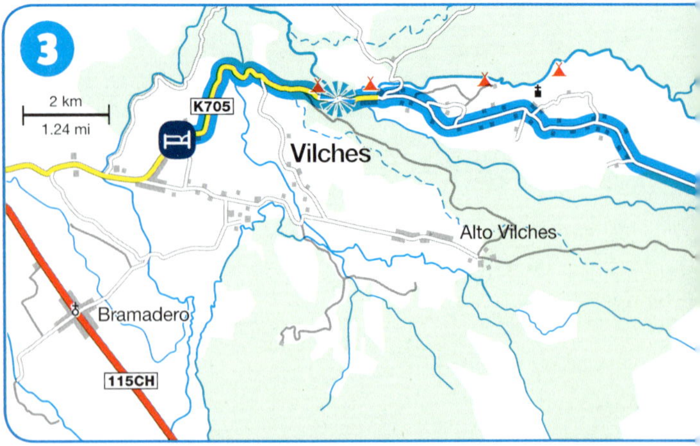

In der Feriensiedlung ❶ **Vilches** beginnt das Naturreservat **Altos de Lircay**. Nahe der Bushaltestelle ist an Kiosks die letzte Gelegenheit, Vorräte einzukaufen, dann wandern Sie los, **zunächst weiter die Schotterstraße entlang. Wer mit dem Wagen da ist, kann noch bis zum ❷ Gebäude der Parkwächter** fahren und spart ca. 1,5 km Fußmarsch. Hier müssen Sie anmelden, ob und wo Sie zelten möchten, sowie den Eintritt entrichten. **Nach weiteren 1,4 km auf der Piste biegen Sie rechts auf das Teilstück des Fernwanderwegs „Sendero de Chile" ein,** der durch einen schönen alten Südbuchenwald führt, mit riesigen, immergrünen Coihues und weißstämmigen Robles. Es geht sanft bergauf, im Schatten lässt es sich gut wandern. Nach 9,5 km (ca. 3 Std.) erreichen Sie die Stelle, an der Sie heute Ihr ❸ **Camp** errichten, ein lauschiges Plätzchen am Oberlauf des Río Lircay, der hier INSIDER TIPP schöne Badebecken geformt hat. Hier, auf 1690 m Höhe, gibt es Picknicktische, Wasser und Toiletten. Lassen Sie das Gepäck im Zelt, und gehen Sie nochmal 3 km (1 Std.) durch das licht bewachsene **Valle del Venado** zum gleichnamigen ❹ **Aussichtspunkt** über der Claro-Schlucht, mit Blick auf die Hochanden. Zurück im ❺ **Camp**, genießen Sie den klaren Südsternhimmel.

Vom Camp windet sich ein teilweise steiniger Pfad in südlicher Richtung in Serpentinen nach oben (weiß-gelbe Markierungen). Der Wald wird lichter, bald ist die Baumgrenze erreicht. Ein felsiger Hasenkopf *(Piedra La Coneja)* weist den Weg, ein Kondorpärchen kreist über Ihren

TAG 1

❶ Vilches

2 km

❷ Gebäude der Parkwächter

7,3 km

❸ Camp

3 km

❹ Aussichtspunkt

3 km

❺ Camp

TAG 2

3 km

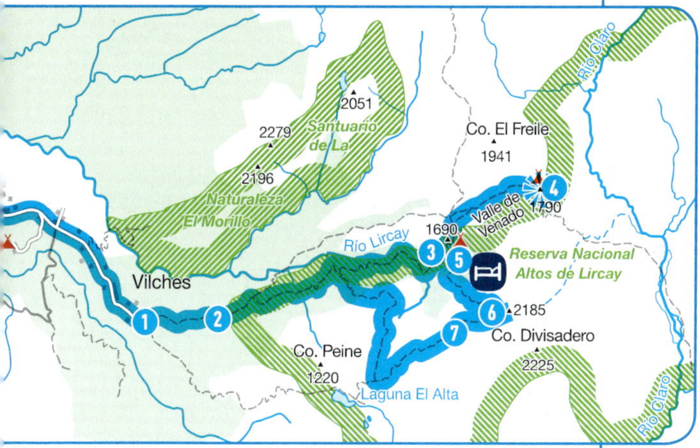

Auch kleine Echsen sind im Naturpark Altos de Lircay heimisch

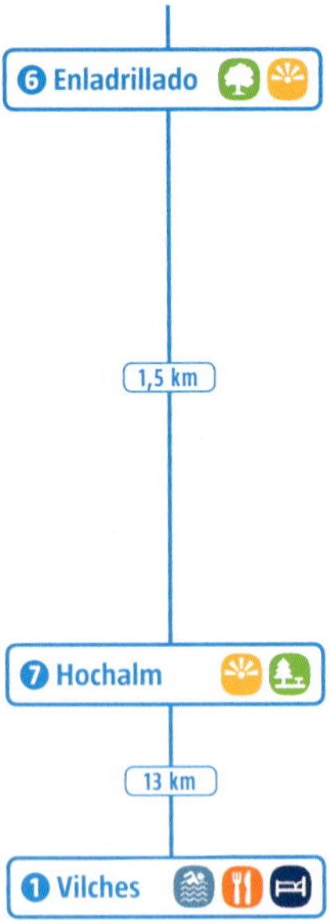

Köpfen. Ein letzter schweißtreibender Anstieg, und nach gut 1,5 Stunden ist der **6 Enladrillado** (2185 m) erreicht: eine weitläufige, von riesigen Felsplatten bedeckte (wörtlich: „geziegelte") Plattform, wie geschaffen als Landebahn für Außerirdische. Jeder *arriero* (Viehtreiber), den Sie fragen, wird Ihnen Geschichten von UFOs und nächtlichen Lichtspektakeln erzählen ... Das eigentlich Spektakuläre dieses Orts aber ist die Abbruchkante, hinter der es 1200 m steil ins Claro-Tal hinabgeht. Dahinter grüßen die Vulkane Descabezado Grande (der Große Geköpfte) und Azul, dazwischen der Krater Quizapu, dessen gewaltiger Ausbruch 1932 in Zentralchile den Tag zur Nacht machte.

Nach einer Fotopause **geht es weiter Richtung Südwesten, immer auf einem Höhenrücken mit schöner Sicht entlang.** Auf einer **7 Hochalm** gibt es bis in den Sommer hinein sauberes Trinkwasser – ein schöner Ort fürs Picknick. **Nach etwa einer Stunde zweigt rechts ein Talweg ab, der Sie auf einer anderen Route wieder zum Sendero de Chile zurückbringt. Dort biegen Sie links ein und gehen die bekannte Strecke zurück zum Ausgangspunkt in 1 Vilches.** Zum Abschluss sollten Sie sich zur Erholung mindestens einen Abend und eine Nacht im ländlichen Gästehaus **La Maravilla** *(20 km von Vilches Alto, Haltestelle Los Montes | Tel. 9 66 36 77 75 | www.hostallamaravilla.com | €)* gönnen. Die Zimmer sind anmutig dekoriert, das Schwimmbad verspricht Abkühlung, und die deutsche Gastgeberin Marion kocht göttlich!

4 MIT DEM FAHRRAD UM DEN LLANQUIHUESEE

START: ① Puerto Varas
ZIEL: ① Puerto Varas

Strecke:
175 km

3 Tage
reine Fahrzeit
ca. 13 Stunden

KOSTEN: Fahrradmiete 16 Euro/Tag, plus ca. 330 Euro für Unterkunft und Verpflegung (2 Pers.)
MITNEHMEN: Sonnenschutz, Regenkleidung, Badesachen

ACHTUNG: Auf etwa der Hälfte der Runde gibt es einen Radweg, auf der restlichen Strecke müssen Sie sich die Landstraße mit den Autos teilen: Fahren Sie vorsichtig und defensiv! Eine detaillierte Karte gibt es unter *maps.trekkingchile.com* (Llanquihue).
Radverleih in ① **Puerto Varas**: *Puelo Adventure (Vicente Pérez Rosales | Tel. 65 2 23 29 21 | www.pueloadventure.cl).*

Der zweitgrößte See Chiles, mit 860 km² noch größer als der Bodensee (536 km²), erstreckt sich wie ein kleines Binnenmeer zu Füßen der Vulkane Osorno, Puntiagudo und Calbuco. Die ländliche Idylle der von deutschen Einwanderern geformten Landschaft an der einen Seeseite kontrastiert reizvoll mit den Ausläufern der Urwälder und den Lavafeldern des Nationalparks Vicente Pérez Rosales an der anderen.

Ausgangspunkt der Tour ist der Radverleih **Puelo Adventure** am Ostende der Uferstraße von ① **Puerto Varas**. Hier verstauen Sie Ihr Gepäck in Satteltaschen und können auch Sachen einlagern, die Sie nicht benötigen. Und nun auf in den Sattel und den Lenker Richtung Ensenada! **Kurz hinter dem Ortsausgang beginnt der neue Fahrradweg parallel zur R-225.** Die Route führt zunächst in sanften Schwüngen durch die typische Weidelandschaft des Südens, meist in Sichtweite des Sees. Bei km 7 lockt bereits die erste Versuchung: der originelle Brauerei-Pub ② **Malta Chocolate**. Für das erstklassige Hausbräu ist es noch zu früh, aber eines der guten Sandwiches geht immer! **Bei km 18 überqueren Sie den Río Pescado.** Er entspringt am Vulkan Calbuco, der zuletzt 2015 ausbrach und die ganze Gegend mit einer dicken Aschedecke überzog. Vor und hinter der Brücke gibt es weitere Mittagslokale, gleich darauf locken die ersten ③ **Sandstrände** direkt neben der Straße. Pause – und ab ins Wasser! Von nun an dominiert der

TAG 1
① Puerto Varas
8,7 km
② Malta Chocolate
14 km
③ Sandstrände

22 km

4 Ensenada

Vulkan Osorno das Panorama. Vom Steilufer aus eröffnen sich Postkartenmotive mit der bis zu 350 m tiefen Ensenada-Bucht vor dem perfekten Vulkankegel mit der Schneekappe. Bald ist die Feriensiedlung **4 Ensenada** erreicht (km 42, ca. 3 Std. Fahrt), hier können Sie im netten B&B **Hamilton's Place** *(Tel. 984664146 | www.hamiltonsplace.com | €)* absteigen.

TAG 2

2,2 km

5 Laguna Verde

20 km

6 Las Cascadas

Die zweite Etappe führt auf der U-99 nordwärts in Richtung Las Cascadas. 600 m nach dem Abzweig lohnt der kurze Spaziergang zu dem verschwiegenen Waldsee **5 Laguna Verde**. **Nun geht es am steilen Ostufer des Sees entlang,** mit schweißtreibendem Auf und Ab vorwiegend durch Naturwald. Nach 20 km endet der Fahrradweg im Dorf **6 Las Cascadas**. Hier sollten Sie sich den namensgebenden **INSIDER TIPP** **Wasserfall** in einem Urwald-Canyon nicht entgehen lassen: ab Ortsmitte (ausgeschildert) sind es ca. 2 km mit dem Rad und 1 km zu Fuß zu dem 30 m hohen kraftvollen Katarakt. Im Ort können Sie sich in einfachen Lokalen stärken, und ein Strand für die Siesta findet sich auch. **Bei km 34 (14 ab Las Cascadas) biegen Sie von der Asphaltstraße links in die Schotterstraße U-925 Richtung Puerto Fonck, um in Seenähe zu bleiben.** Ein paar Kapellen und versteckte Strände weiter **erreichen Sie die Straße U-55 kurz vor Puerto Octay, halten sich links und gelangen nach 1 km** zum freundlichen Gästehaus **7 Zapato Amarillo** *(Tel. 6 42 21 07 87 | www.zapatoamarillo.cl | €)*. Tagesleistung: 57 km, ca. 4 Stunden Fahrzeit.

3 km sind es vom Zapato Amarillo nach 8 Octay, wo Sie kurz halten, um einen Blick auf den historischen Ortskern zu werfen. **Von hier geht es weiter auf der U-55 in südwestlicher Richtung.** Ein steiler Anstieg am Ortsausgang wird mit einem tollen Blick über die Halbinsel Centinela auf den Vulkan Osorno belohnt. Bei km 9 ist Zeit für einen Imbiss in dem urigen Landgasthof **9 Espantapájaros** *(„Vogelscheuche" | www.espantapajaros.cl | €€)* mit deutschem Grill- und Kuchenbüfett. **Bei km 11 biegen Sie links ab auf die Erdpiste V-155 Richtung Los Bajos und erreichen wieder das Seeufer.** Vorbei an Rinderherden und Kolonistenhöfen radeln Sie nach **10 Frutillar Bajo** (km 31). Hier fühlt man sich endgültig nach Süddeutschland versetzt: Hotels im Bauernhausstil, Erdbeerkuchen im Café und Spätzle im Restaurant ... Das **Museo Colonial** erzählt die Geschichte der deutschen Einwanderer, die hier Mitte des 19. Jhs. dichten Urwald vorfanden, das schmucke **Teatro del Lago** setzt den modernen Akzent dagegen. Wieder auf den Rädern, **folgen Sie der asphaltierten Uferstraße V-305, die eine Halbinsel umrundet, zwei Buchten streift** und – vorbei an dem Denkmal „Unsern Ahnen" (km 52) – das Industriestädtchen **Llanquihue** erreicht (km 56). **Um für das letzte Stück die Autobahn (Ruta 5) zu vermeiden, fahren Sie auf der Uferstraße bis ans südliche Ortsende (km 59) und folgen einem Pfad entlang der alten Bahnlinie. Nach holprigen 6 km ist die Bucht von 1 Puerto Varas erreicht. Der Uferstraße folgend gelangen Sie wieder zum Ausgangspunkt der Tour.** Tagesleistung: 67 km, ca. 5 Stunden.

41,5 km

7 Zapato Amarillo

TAG 3

3,3 km

8 Octay

6,8 km

9 Espantapájaros

23 km

10 Frutillar Bajo

35 km

1 Puerto Varas

Vollmond über dem Llanquihuesee

SPORT & WELLNESS

Am Morgen auf einen Andengipfel steigen und bei Sonnenuntergang auf den Pazifikwellen surfen? Das klingt verrückt, und doch ist es in etlichen Regionen Chiles möglich: Das Land eröffnet ein faszinierendes Panorama für aktiven Urlaub.

Freilich müssen Sie darauf gefasst sein, dass Ihnen das Angebot nicht auf dem Silbertablett serviert wird. Die touristische Infrastruktur der Alpen oder des Mittelmeers werden Sie in Chile vergebens suchen. Zu den schönsten Orten führt oft nur eine Schotterpiste, die Unterkünfte sind mitunter bescheiden, und Ausrüstung bringt man besser selbst mit. Doch auch in Chile erkennt man das Potenzial, das in der Kombination aus Naturerlebnis und Entspannung steckt: Hotels warten mit Schwimmbädern, Saunen und Massageangeboten auf, Keltereien mit Weintherapien, und noch das einfachste Ferienhaus verfügt über einen Hot-Tub mit Blick auf die Bucht.

BERGSTEIGEN

Unzählige Gipfel warten auf Eroberung, darunter mit dem *Ojos del Salado* (6893 m) der höchste Vulkan Amerikas. Insiderinfos gibt's z. B. unter *www.andeshandbook.org* (auf Englisch) sowie unter *www.trekkingchile.com* (teilweise auf Deutsch). Beide Portale haben hilfreiche Smartphone-Apps lanciert, mit denen man auch offline im Gelände unterwegs sein kann. Wer ganz hoch hinauf will, sollte die Gefahren nicht unterschätzen

 Bild: Wanderer an der Laguna del Inca

Zwischen Anden und Pazifik: Trekker und Radler, Rafter und Reiter, Surfer und Gleitschirmflieger sind in Chile goldrichtig

und sich fachkundiger Führung anvertrauen, Info z. B. bei *Turismo Caminante (Tel., deutschsprachig, 71 197 00 97 | turis mocaminante@trekkingchile.com)*. Auch von Ungeübten kann der Vulkan *Villarrica* (2840 m, s. S. 77) bestiegen werden. Mehrere Agenturen in Pucón bieten die grandiose Tagestour an.

GLEITSCHIRM FLIEGEN

Von der Küstenkordillere zum Strand gleiten – das können an vielen Stellen schon Anfänger versuchen. Bevorzugte Plätze sind Iquique, Antofagasta, Maitencillo oder Algarrobo. *Parapente Chile (Tel. 9 78 65 84 45 | www.parapente.cl)* bietet z. B. Tandemflüge an. Nur Profis sollten sich der schwierigen Thermik der Anden allein aussetzen; dafür sind Langstreckenflüge von 100 km keine Seltenheit.

GOLF

An die 60 Plätze gibt es in Chile, vom exklusiven Club *Los Leones* in Santiago bis zum südlichsten Golfplatz der Welt, dem *Magallanes Country Club* in Punta Arenas. Einer der modernsten Plätze ist die 18-Loch-Anlage in La Serena, wo man mit Blick auf die Pazifikbrandung spielt *(www.laserenagolf.cl)*. Viele Hotels der Oberklasse bieten Zutritt zu einem Platz in der Nähe, die Gebühren liegen bei 50 bis 100 US $. Adressen der Golfclubs finden Sie unter *www.chilegolf.cl*.

MOUNTAINBIKING

Chile hält für MTB-Fanatiker phantastische, aber anspruchsvolle Touren bereit. Der bekannteste Bikepark Südamerikas findet sich in Nevados de Chillán, wo sich auf dem Gelände des Skigebiets im Sommer die Enduro- und XC-Biker austoben *(www.nevadosdechillan.com)*. Nur Extrembiker wagen sich allein in die Wüste, in den Torres-del-Paine-Park oder nach Feuerland. Alle anderen sollten die Erfahrung einer Agentur nutzen, die Ausrüstung, Begleitfahrzeug, Essen und Unterkunft stellt (s. S. 19).

RAFTING & KAJAK

Mehrere Agenturen, z. B. *Cascada (Tel. 229235950 | www.cascada.travel)*, bieten Raftingtouren auch für Anfänger an. Zu den Highlights gehören der Ríos Maipo bei Santiago, Ñuble bei Chillán und Trancura bei Pucón. Auf Kajakfans warten anspruchsvolle Wildwasser. Mutprobe für die Profis: der *Río Futaleufú*. Beratung und Touren unter *www.exchile.com* oder *www.yakexpedi ciones.cl*. Weniger Adrenalin wird bei einer Tour im Seekajak durch die Pazifikfjorde Südchiles ausgeschüttet. Das Gefährt erschließt versteckte Naturthermen und Seelöwenkolonien. Verschiedene Agenturen bieten Trips an, meist mit Begleitboot. Traumhaft: die INSIDER TIPP Fahrt durch den *Naturpark Pumalín* mit *Al Sur (Puerto Varas | Tel. 65 2232300 | www.alsurexpeditions.com)*.

REITEN

In den meisten Nationalparks und Küstenorten kann man Pferde mieten und stundenlang die Natur durchstreifen. Die deutsche Reiterfarm *Hacienda Los Andes (Río Hurtado | Tel. 53 2691822 | www.haciendalosandes.com)* bei Ovalle bietet Ausritte in die Berge. Mit *Cascada* (s. Rafting & Kajak) kann man bei Santiago in die Anden reiten, und Mathias Boss *(Pucón | Tel. 997139758 | www.antil co.com)* führt Reittouren durch den valdivianischen Regenwald im Seengebiet.

SKIFAHREN

Von Mitte Juni bis Mitte Oktober dauert die Skisaison. Dabei gibt es neben den großen Skizentren bei Santiago etliche weitere Möglichkeiten, auf Skiern oder Snowboard einen Andenhang hinunterzuwedeln. Beliebt ist etwa das schneesichere Skigebiet Chillán mit seinen teils bewaldeten Vulkanflanken; abends entspannt man in einem der Thermalhotels. Weiter südlich locken die kleinen Skigebiete an den Vulkanen Villarrica, Antillanca und Osorno. Schließlich kann man in Punta Arenas – weltweit einzigartig – mit Blick auf den Pazifik skifahren. Mehr Infos unter *www.chileanski.com*.

SURFEN/WINDSURFEN

Windreiche Seen, eine endlose Küste mit herrlichem Wellengang. Warum ist Chile dennoch kein Surfparadies? Ganz einfach: Es gibt kaum Surfclubs oder -schulen, die schönsten Strände sind oft schwer erreichbar, und für den kühlen Pazifik muss man sich eine Gummihaut überziehen. Wen das nicht abschreckt, der findet eine wachsende, lebhafte Szene vor. Ihre heimliche Hauptstadt heißt INSIDER TIPP *Pichilemu*. Der kleine Badeort 250 km südlich von Valparaíso lockt Anfänger und Profis mit prächtigen Wellen und heißen Partys. *www.chilesurf.cl*

Von Pucón aus ist der *Parque Nacional Huerquehue* (s. S. 77) mit seinen verwunschenen Araukarienwäldern und stillen Bergseen zu erreichen.

Weitgehend unbekannt, bietet das Anden-Schutzgebiet *Reserva Nacional Altos de Lircay* von der Tageswanderung im Naturwald bis zur Vulkanbesteigung für jeden etwas. Großartig ist die INSIDER TIPP Tour zum UFO-Landeplatz *Enladrillado* (s. Erlebnistour 3, S. 96).

Eisabenteuer im Kajak: Gletscher im Nationalpark Torres del Paine

WANDERN

Die ★ *Nationalparks* erschließen sich am besten auf Wanderungen. Karten sind vor Ort Mangelware, am besten vorab im Internet bestellen unter *karten.trekkingchile.com.* Die Wege sind unzureichend markiert, aber die Parkranger helfen gern. Hin und wieder gibt es eine Schutzhütte oder einen Campingplatz. Nur in wenigen Parks (etwa im Torres del Paine) bieten Hotels größeren Komfort, ansonsten ist bei längeren Touren das Zelt unumgänglich. In einigen Touristenorten wie Puerto Natales oder Pucón kann man Ausrüstung leihen. Wer wenig Zeit hat, fährt in den *Parque Nacional El Morado* vor den Toren Santiagos, ein schroffes, blütenbesätes Gletschertal.

Irgendwann treffen sich die Trekkingfans alle im *Parque Nacional Torres del Paine* (s. S. 84), dem Wandermekka Südamerikas. Unübertroffen: die Rundwanderung um das Paine-Massiv, über Blumenwiesen, durch Urwälder und vorbei an Gletschern (6–8 Tage). Wer weniger Zeit hat, macht die berühmte Strecke in W-Form (3–4 Tage) oder steigt zu den Füßen der *Torres* (Türme) hinauf (1 Tag). Es gibt mehrere Zeltplätze; die Berghütten sind im Sommer oft voll, eine Reservierung ist deshalb unerlässlich *(www.verticepatagonia.cl | www.fantasticosur.com).*

MIT KINDERN UNTERWEGS

„¡Ay, qué lindo!" Wer in Chile mit kleineren Kindern unterwegs ist, der hat bald diesen begeisterten Ausruf („Ach, wie niedlich!") im Ohr. Die Chilenen sind Kindernarren und machen daraus keinen Hehl. Dabei differenzieren sie ganz genau: Gemäß dem geltenden Schönheitsideal steht blonder Nachwuchs ganz obenan. Es mag befremdlich erscheinen, wenn im Supermarkt oder am Strand plötzlich eine wildfremde Dame auf Ihr Kind zuschießt und es abknuddelt. Machen Sie gute Miene zum gut gemeinten Spiel – vielleicht können Sie diese kulturelle Eigenart bald genießen!

Generell werden Eltern mit Kindern zuvorkommend behandelt. Noch im einfachsten Wirtshaus kommt der Kellner häufig von allein mit dem Kinderstuhl, und nicht selten verfügen Restaurants über Spielplätze oder -ecken. Kinder gehören dazu, und sie werden selbstverständlich überallhin mitgenommen – und das auch bis spät in die Nacht. Größere Hotels und Ferienanlagen organisieren Kinderprogramme, während sich die Eltern im Thermalbad oder am Strand aalen können. Eine Alternative sind *cabañas*, Bungalows, die man überall auch tageweise mieten kann. Hier sind Familien ungestört und stören selber niemanden. Fragen Sie bei der Reservierung nach Schwimmbad und Spielplatz! Ansonsten werden Ihre Kinder an Flüssen, Seen und Meeresstränden genügend Spaß finden.

DER NORDEN

LEHROBSERVATORIUM MAMALLUCA

(126 A6) *(🕮 D10–11)*

Spannend ist der Blick in die Sterne im Lehrobservatorium Mamalluca bei Vicuña im Valle del Elqui. Die Anlage verfügt zwar nur über ein 12-Zoll-Teleskop, eröffnet aber mit Multimedia-Shows auch Laien den Zugang zum Kosmos und zum südlichen Sternenhimmel. Täglich zwei oder drei Programme. *Karten: G. Mistral 260 | Vicuña | Tel. 51 2 67 03 30*

DIE MITTE

BUIN ZOO (124 B6) *(🕮 D13)*

Schöner als der städtische Tierpark von Santiago ist der liebevoll gehegte Privatzoo im Vorort Buin. Ob Puma oder Tiger, Aquarium oder Streichelzoo – hier sind große und kleine Kinder begeistert. Zu erreichen mit dem Vorortszug (stdl. ab Estación Central). *Mo–Fr 9–18, Sa/So 9.30–18.30 Uhr | Eintritt 8000, Kinder 5500 Pesos | www.buinzoo.cl*

Der Nachwuchs ist immer willkommen: In Chile sind Kinder überall gern gesehene und meist ziemlich verhätschelte Gäste

MUSEO INTERACTIVO MIRADOR

(124 B5) (D13)

Der beste Tipp für Familien ist in Santiago ein Besuch des modernen *Museo Interactivo Mirador (MIM)*, wo Kindern auf spielerische und höchst unterhaltsame Art und Weise die Naturgesetze nahegebracht werden – und alles zum Anfassen und Ausprobieren! *Di–Fr 9–16.45, Sa/So 9.30–17.30 Uhr | Eintritt 4700, Kinder 3700 Pesos | Sebastopol 90 | La Granja | www.mim.cl*

PARQUE ARAUCANO (124 B4) (D13)

Dieser 22 ha große Stadtpark in Santiago wartet für Kinder jeden Alters mit etlichen Attraktionen auf: von klassischen Kletterspinnen über ein beliebtes Skate-Areal bis zu *Kidzania,* einem urbanen Rollenspiel für Kinder, und *Selva Viva,* einem tropischen Minidschungel. *Tgl. | Parkeintritt frei | Kidzania und Selva Viva ab 12 500 Pesos | Eingang über Cerro Colorado 5435 oder Presidente Riesco 5330 | www.kidzania.cl | www.selvaviva.cl*

DER SÜDEN

INSIDER TIPP HUSKYFARM AURORA AUSTRAL (128 B3) (C17)

Das Anwesen der deutschen Familie Jakob am Vulkan Villarrica ist ideal für einen Aktivurlaub mit Kindern. Huskys stehen für Schlitten- und Karrentouren bereit, ein Abenteuerpfad führt durch ein Stück Urwald, ein Flüsschen lädt zum Baden ein, Pferde und Fahrräder können geliehen werden. *Unterkunft in Bungalows ab 60 Euro | 20 km südl. von Villarrica | Tel. 9 89 01 25 74 | www.auroraaustral.com*

PATAGONIEN

MUSEO REGIONAL SALESIANO

(130 C4) (D27)

Im Ethnomuseum der Salesianermission in Punta Arenas gibt es von konservierten tierischen Missbildungen über ausgestopfte Pinguine bis zu indianischen Kanus allerlei Kurioses zu bestaunen. *Di–So 10–18 Uhr | Bulnes 374*

EVENTS, FESTE & MEHR

Die katholische Kirche hat dem Festkalender ihren Stempel aufgedrückt – und muss wie anderswo der Säkularisierung ihrer Feiertage zusehen. Für die Chilenen, mit 15 Urlaubstagen pro Jahr nicht gerade reich gesegnet, ist jedweder Feiertag zunächst ein willkommener Anlass, dem Alltag über ein langes Wochenende zu entfliehen – egal, ob nun der Unbefleckten Empfängnis oder der Seeschlacht von Iquique gedacht wird. Wirklich wichtig sind eigentlich nur zwei Feste: der Nationalfeiertag *Dieciocho* am 18. September und Weihnachten.

In Nordchile haben die Ureinwohner die katholischen Riten und Prozessionen in ihre stampfenden Maskenfeste integriert – eine faszinierende Synthese (siehe Juli). Ansonsten feiern die Chilenen eher bodenständig als ausgelassen – der Karneval hat es nie über die Anden geschafft.

FESTE

JANUAR

Theatermonat: Erstklassige Inszenierungen aus Chile und Gastländern in Dutzenden Spielstätten und unter freiem Himmel. *www.stgoamil.cl*

Musikwochen: Renommierte Klassikfestspiele in Frutillar am Ufer des Llanquihuesees (Ende Jan./Anf. Feb.). *www.semanasmusicales.cl*

FEBRUAR

INSIDER TIPP ***Tapati:*** Volksfest auf der Osterinsel mit Tanz, Sängerwettstreit und Ethno-Triathlon (2 Wochen Anf. Feb.)

Festival de Viña: internationales Schlagerfest in Viña del Mar (Mitte Feb.)

MÄRZ

Vendimia: Weinlesefest in den Winzerhochburgen, am besten das in Curicó. Hier werden die Trauben barfuß gestampft und die Weinkönigin mit Flaschen abgewogen (Mitte März–Mitte April).

INSIDER TIPP ***Rodeo:*** Beim nationalen Stiertreiber-Finale in Rancagua werden die besten *huasos* gekürt und mit einem Volksfest gefeiert (Ende März/Anf. April). *www.caballoyrodeo.cl*

APRIL/MAI

Cumbre Guachaca: Oktoberfest auf chilenisch in Santiago – mit viel Folklore, viel Tanz und noch mehr Rotwein bis zum Morgengrauen. *www.guachacas.cl*

JULI

Fiesta de La Tirana: Das einsame Wüstennest bei Iquique füllt sich mit 100 000

Cueca tanzen, Rodeo und Maskenfeste: Katholische Zeremonien, indianische Bräuche und weltliche Spektakel wechseln sich ab

Pilgern aus dem ganzen Land, die der Jungfrau Carmen huldigen. Aymara-Tanzgruppen stampfen mit Tubas, Trommeln und Teufelsmasken tagelang durch die staubigen Straßen (12.–18.7.). Ähnliche Feste gibt es zu anderen Zeiten auch noch in anderen Dörfern Nordchiles.

SEPTEMBER

Mes de la Patria: Im „Monat des Vaterlands" werden die Häuser und Autos mit Wimpeln und Nationalflaggen geschmückt, und rund um den Nationalfeiertag ***Dieciocho*** (18.9.) wird in Festzelten überall die *cueca* getanzt – bis am Abend doch die Cumbia- und Reggaeton-Scheiben aufgelegt werden. Dazu gibt es *empanadas* (Teigtaschen) und *anticuchos* (Fleischspieße) satt, und *tinto* (Rotwein) fließt in Strömen ...

DEZEMBER

Año Nuevo: Hunderttausende Schau- und Feierlustige pilgern zu Silvester nach Valparaíso und nach Viña del Mar, um von einem der Hügel, von Partybooten oder vom Ufer aus um Mitternacht eine gute Sicht auf das bombastische Feuerwerk über der Hafenbucht zu haben.

FEIERTAGE

1. Jan.	Neujahr
März/April	Ostern
1. Mai	Tag der Arbeit
21. Mai	Seeschlacht v. Iquique
29. Juni*	Peter und Paul
16. Juli	Jungfrau Carmen
15. Aug.	Mariä Himmelfahrt
18. Sept.	Unabhängigkeitstag
19. Sept.	Tag des Heeres
12. Okt.*	Entdeckung Amerikas
31. Okt.*	Tag der ev. Kirchen
1. Nov.	Allerheiligen
8. Dez.	Mariä Empfängnis
25. Dez.	Weihnachten

** werden auf den nächsten Mo verlegt, wenn sie auf Sa/So fallen*

LINKS, BLOGS, APPS & CO.

LINKS & BLOGS

www.marcopolo.de/chile Alles auf einen Blick zu Ihrem Reiseziel: Interaktive Karten inklusive Planungsfunktion, Impressionen aus der Community, aktuelle News und Angebote ...

www.chileaktiv.com Umfangreiche deutschsprachige Datenbank mit Tausenden Tipps und Infos zu Reisezielen, Aktivitäten, Reisepraxis u.v.m. Sehr nützlich ist die Möglichkeit, sich etwa Unterkünfte oder andere touristische Dienstleister nach Orten anzeigen zu lassen

www.revistarevolver.cl Erstklassiges Online-Stadtmagazin für die Hauptstadt Santiago. Hier wird nicht nur das kulturelle Panorama der Stadt ausgebreitet (inkl. „Weekend Guide"), hier werden auch Restaurants empfohlen und Ausflugsziele vorgestellt. Lohnenswert: der *Survival Guide* (Engl.)

www.goo.gl/maps/5KLgL Wer länger in der Hauptstadt Santiago ist und gern Fahrrad fährt, für den ist diese interaktive Karte unerlässlich. Sie zeigt u.a. Radwege, Leihstationen, sichere Unterstellmöglichkeiten und Werkstätten

short.travel/chl1 *Trekkingchile:* Sammlung von Berichten über Wanderungen und Ausflüge zu den schönsten Zielen in ganz Chile, in Bild und Text, teilweise auf Deutsch. Mit einer Suchfunktion leicht zu durchstöbern

www.southtraveler.de Der Lateinamerika-Blogger Daniel Tischer schreibt über Chile und die Nachbarländer und bietet allerlei Kurioses, interessante Fakten und praktische Tipps

www.reisedepeschen.de/amerika/suedamerika/chile Warum passen Sandboarding und Fotografie nicht zusammen? Was ist ein *Café con piernas?* Antworten auf diese und andere Fragen geben diese vielseitigen, gut bebilderten und humorvollen Reiseblogs

goo.gl/b9Wv2r Das aktivste deutschsprachige Chile-Forum im Netz, in

Egal, ob für Ihre Reisevorbereitung oder vor Ort: Diese Adressen bereichern Ihren Urlaub. Da manche sehr lang sind, führt Sie der short.travel-Code direkt auf die beschriebenen Websites. Falls bei der Eingabe der Codes eine Fehlermeldung erscheint, könnte das an Ihren Einstellungen zum anonymen Surfen liegen

dem sich Neulinge und Reisende von erfahrenen Chile-Experten Rat holen können – egal, ob es um Fährverbindungen oder Visumsbestimmungen geht

facebook.com/groups/thechileexperience Die wohl aktivste Facebook-Community von Ausländern in und über Chile, mit zahlreichen nützlichen Informationen, Anregungen und Diskussionen (Engl.)

VIDEOS

www.youtube.com/chiletravelchannel Hier finden Sie die offiziellen Werbevideos der chilenischen Tourismusbehörde – natürlich alles nur toll und phantastisch, dennoch eine gute Möglichkeit, einen schnellen Überblick über die Attraktionen des Landes zu bekommen

www.swr.de/schaetze-der-welt Schätze der Welt – Erbe der Menschheit: In der Reihe des SWR wurden bislang drei der Weltkulturerbestätten Chile porträtiert: die Osterinsel mit ihren geheimnisvollen Moais, die Salpeterstädte Humberstone und Santa Laura sowie die pulsierende Hafenstadt Valparaíso

vimeo.com/130622230 Atemberaubender Zeitrafferfilm von Martin Heck, der beim Ausbruch des Vulkans Calbuco im Jahr 2015 dabei war und die Nerven hatte, das Spektakel zu filmen

short.travel/chl4 *A story for tomorrow:* Der witzig geschnittene Kurzfilm eines Pärchens, das fünf Wochen in Chile unterwegs war, wurde zu einem Publikumshit bei Vimeo

APPS

Waze Die Chilenen lieben diese nützliche Navigations-App – und füttern sie permanent mit Infos zu Staus, Unfällen und Blitzern

Trekking Chile (I-Phone, Android) Die deutschsprachige Informationsquelle für Wanderungen und Touren. Online stöbern, Tour mit Karte runterladen, offline im Gelände nutzen

Santiago Gourmet Praktische Restaurantführer für die Hauptstadt, mit Adressen und Infos zur Speisekarte

PRAKTISCHE HINWEISE

ANREISE

Die weite Flugreise (mind. 16 Std.) ist nicht billig, selbst nicht bei Last-Minute-Angeboten. Aus dem deutschsprachigen Raum fliegt derzeit nur die chilenische Airline LAN (inzwischen mit der brasilianischen TAM zu LATAM fusioniert) ohne Umsteigen nach Chile, nämlich von Frankfurt/M. via Madrid nach Santiago. Direktflüge ab Europa gibt es außerdem mit Air France (ab Paris), Alitalia (ab Rom) und Iberia (ab Madrid). Mit Lufthansa (ab Frankfurt/M.) muss man in São Paulo oder Buenos Aires umsteigen.
Wer aus Zürich abfliegt, gelangt mit Swiss nach Santiago (Umsteigen in São Paulo). Wer aus Wien kommt, muss in Frankfurt/M. umsteigen. Eine preiswerte, aber langwierige Variante ist der Umweg über einen Flughafen in Nordamerika: Air Canada, American Airlines und Delta fliegen täglich nach Santiago. Der Mindestpreis für einen Flug von Mitteleuropa nach Chile beträgt ca. 700 Euro. Günstige Sondertickets können meist nur gegen hohe Gebühren umgebucht werden.

AUSKUNFT

GENERALKONSULAT VON CHILE
Kleine Reichenstr. 1/IV | 20457 Hamburg | Tel. 040 33 58 35 | www.chileinfo.de

ARGE LATEINAMERIKA
Die Arbeitsgemeinschaft versteht sich als überregionale Infostelle für den Tourismus in Südamerika. *An der Ruhbank 26 | 61138 Niederdorfelden | Tel. 06101 98 77 12 | www.lateinamerika.org*

CHILE TRAVEL
Die offizielle Tourismus-Website Chiles liefert allgemeine Infos, Anregungen und Videos, auch auf Deutsch: *www.chile.travel*

CONTACTCHILE
Die deutschsprachige Serviceagentur in Santiago bietet umfangreiche Landesinformationen sowie Hilfe bei der Reiseplanung und Buchung von Mietwagen, Inlandsflügen und Schiffstouren. *www.contactchile.de*

FAIR CHILE
Die gemeinnützige Stiftung *Trekkingchile* hat dieses Programm initiiert, über das Touristen und Reiseveranstalter ihren „ökologischen Fußabdruck" kompensie-

GRÜN & FAIR REISEN

Auf Reisen können auch Sie viel bewirken. Behalten Sie nicht nur die CO_2-Bilanz für Hin- und Rückreise im Hinterkopf *(www.atmosfair.de; de.myclimate.org)* – etwa indem Sie Ihre Route umweltgerecht planen *(www.routerank.com)* – , sondern achten Sie auch Natur und Kultur im Reiseland *(www.gate-tourismus.de; www.ecotrans.de)*. Gerade als Tourist ist es wichtig, auf Aspekte wie Naturschutz *(www.nabu.de; www.wwf.de)*, regionale Produkte, wenig Autofahren, Wassersparen und vieles mehr zu achten. Wenn Sie mehr über ökologischen Tourismus erfahren wollen: europaweit *www.oete.de*; weltweit *www.germanwatch.org*

ren können. Mit den Einnahmen aus Spenden und dem Verkauf von Ökoprodukten wird u.a. die Aufforstung mit einheimischen Baumarten finanziert. *www.trekkingchile.com/fair-chile/de*

SERNATUR

Nationales Tourismusbüro mit zahlreichen Zweigstellen; Santiago: *Mo–Fr 9–20, Sa 9–14 Uhr | Av. Providencia 1550 | Tel. 2 273 183 10 | www.sernatur.cl*

THIS IS CHILE

Reisen, studieren, leben, Geschäfte machen – um diese Themen kreisen die Infos und Reportagen der offiziellen Website *www.thisischile.cl* (Engl./Span.).

AUTO

Die Höchstgeschwindigkeit beträgt innerorts 60, auf Landstraßen 100, auf Autobahnen 120 km/h. Das Autofahren ist ungefährlich, wenn man bestimmte Regeln beachtet: 1. Fahren Sie möglichst in Begleitung einer anderen Person, die Sie am Steuer ablösen kann. 2. Tanken Sie in abgelegenen Regionen bei jeder Gelegenheit und immer voll; die Abstände zwischen den Tankstellen können dort 100 km oder mehr betragen. 3. Erkundigen Sie sich bei den Carabineros nach dem Zustand von Pisten in abgelegenen Gebieten. 4. Befahren Sie Schotterstraßen vorsichtig und begegnen Sie anderen Fahrzeugen langsam (Steinschlag!). 5. Vermeiden Sie Nachtfahrten. 6. Lassen Sie im Wagen keine Wertgegenstände oder Gepäck offen zurück. 7. Besorgen Sie sich gute Karten bei *www.maps.trekkingchile.com* oder der Tankstellenkette *Copec.*

BUSSE & BAHNEN

Chile ist bis ins letzte Dorf mit einem guten Busnetz überzogen. Auf den Überlandstrecken fahren moderne, klimatisierte Busse mit Toiletten. Für lange Strecken sollte man 1. Klasse *(salón cama)* wählen – die Preise sind vergleichsweise niedrig. Das größte Streckennetz und einen guten Service bietet die Gesellschaft *Tur-Bus,* deren Online-Buchung aber nur mit chilenischen Kreditkarten funktioniert *(www.turbus.cl).* Tickets anderer Gesellschaften können Sie auf der Plattform *www.recorrido.cl* reservieren und mit PayPal bezahlen. Züge verkehren nur noch zwischen Santiago und Chillán (mit Speisewagen). *Auskunft in Santiago: Tel. 600 585 50 00 | www.trencentral.cl*
Während das Stadtbusnetz zumindest in Santiago den Einheimischen und Eingeweihten vorbehalten ist (man benötigt eine spezielle Prepaid-Karte), ist die Metro der Hauptstadt einfach zu nutzen, dabei schnell und sauber. Drei der fünf Linien (zwei weitere sind in Bau) kreuzen das

WÄHRUNGSRECHNER

€	CLP	CLP	€
1	700	100	0,14
2	1400	1000	1,40
3	2100	2000	2,80
4	2800	3000	4,20
5	3500	4000	5,60
7	4900	5000	7,00
8	5600	7000	9,80
9	6300	8000	11,20
10	7000	9000	12,60

Zentrum. Einzelfahrscheine kosten etwa 90 Cent. Vermeiden Sie die Stoßzeiten!

CAMPING

Vor allem in Touristenzentren und Nationalparks finden sich gut ausgestattete Campingplätze. In manchen Schutzgebieten ist „wild zelten" mit Einschränkungen gestattet. Auf Zeltplätzen am Strand und in populären Urlaubsorten geht es meist sehr lebhaft zu – bis tief in die Nacht ... Einen Campingführer gibt es an den Copec-Tankstellen unter dem Titel *Turismo Aventura*.

WAS KOSTET WIE VIEL?

Kaffee	2 Euro *für einen Espresso*
Bier	3 Euro *für einen „Schop" (0,5 l)*
Imbiss	4 Euro *für ein chilen. Sandwich*
Metro	1 Euro *für eine Fahrt in Santiago*
Taxi	85 Cent *pro Kilometer*
Alpakaschal	25–35 Euro *handgewebt*

DIPLOMATISCHE VERTRETUNGEN

DEUTSCHE BOTSCHAFT

Las Hualtatas 5677 | Vitacura, Santiago | Tel. 2 24 63 25 00 | www.santiago.diplo.de

ÖSTERREICHISCHE BOTSCHAFT

Barros Errázuriz 1968 | Providencia, Santiago | Tel. 2 22 23 47 74 | short.travel/chl5

SCHWEIZER BOTSCHAFT

Av. Vespucio Sur 100, piso 14 | Las Condes, Santiago | Tel. 2 29 28 01 00 | www.eda.admin.ch/santiago

EINREISE

Reisende aus Deutschland, Österreich und der Schweiz erhalten an der Grenze ein dreimonatiges Touristenvisum. Der Durchschlag des Formulars muss bis zur Ausreise aufgehoben werden. Besorgen Sie sich bei Verlust Ersatz bei der *Policía Internacional* in Santiago *(Eleuterio Ramírez 852)* oder in jeder Regionalhauptstadt.

FRAUEN ALLEIN

Der chilenische *machismo* ist relativ harmlos, alleinreisende Frauen haben daher außer „Komplimenten" wenig zu fürchten. Vermeiden Sie freizügige Kleidung; BH ist Pflicht, FKK oder oben ohne am Strand nicht üblich.

GELD & PREISE

Landeswährung ist der Peso; Münzen gibt es zu 1, 5, 10, 50, 100 und 500 Pesos, Banknoten zu 1000, 2000, 5000, 10 000 und 20 000 Pesos. Ein Euro entspricht zzt. ca. 700 Pesos (Stand Jan. 2017).

Banken haben 9–14 Uhr geöffnet. Bargeld tauschen Sie günstiger bei einer der Wechselstuben *(casas de cambio)* in Santiago. An Bankautomaten mit dem Logo „Redbanc" können Sie mit EC- oder Kreditkarte Bargeld abheben (ca. 300 Euro pro Tag in Pesos, mit manchen Karten mehr). Die meisten Hotels, Restaurants und Geschäfte akzeptieren Kreditkarten (Visa, Mastercard). Stecken Sie für Reisen in abgelegene Regionen genügend Bargeld ein.

Chile ist zwar kein Billigland wie manch anderes in Lateinamerika, aber immer noch bezahlbar. Zu den preiswerten Dingen gehören Bus- und Bahnfahrten, einfache Restaurants, Obst und Gemüse sowie viele Souvenirs. Unterkünfte können hingegen schnell europäisches Preisniveau erreichen, die meisten Lebensmittel und Industrieprodukte sind sogar teurer.

GESUNDHEIT

Spezielle Impfungen sind für Chile nicht notwendig. Bei Bedarf finden Sie in allen großen Städten Privatkliniken mit erstklassigem medizinischem Standard; viele Ärzte sprechen Englisch. Apotheken *(farmacias)* sind oft bis tief in die Nacht geöffnet oder zeigen den nächstgelegenen Notdienst an. In Chile sind alle handelsüblichen Medikamente erhältlich. Wer Salate, Fruchtsäfte, in Fett Gebratenes oder ungeschälte Früchte auf schmuddeligen Märkten zu sich nimmt, darf sich über die folgende „Chilenitis" nicht wundern. Vorsicht auch mit rohem Fisch und Meeresfrüchten! Insbesondere Muscheln sollten frisch sein und frei von der *Marea Roja,* einer giftigen Mikroalge, die in Südchile auftritt. Ernstzunehmen ist auch der Hantavirus, der von einer Mäuseart übertragen wird. Meiden Sie deshalb in ländlichen Gegenden nach Möglichkeit Bungalows oder Schutzhütten, die längere Zeit nicht gelüftet und gesäubert wurden.

Tropische Viren wie Chikungunya oder Zika müssen Sie hingegen in Chile nicht fürchten.

INLANDSFLÜGE

Angesichts der riesigen Entfernungen ist für alle, die nur begrenzte Zeit zur Verfügung haben, Fliegen oft der einzige praktikable Weg, um Ziele ganz im Norden oder im tiefen Süden zu erreichen. Den nationalen Markt dominiert die Gesellschaft *LATAM (ex LAN);* einziger landesweit operierender Konkurrent ist *Sky Airline,* 2016 zum Billigflieger umstrukturiert. Ein Flug von Santiago ins rund 2000 km südlich gelegene Punta Arenas kostet hin und zurück ab ca. 120 Euro. *LAN*: *Tel. 600 5 26 20 00 | www.lan.com; Sky Airline*: *Tel. 600 6 00 28 28 | www.skyairline.cl*

INTERNETZUGANG/WLAN

In den meisten Unterkünften, ob einfaches Hostel oder gutes Hotel, gehört die WLAN-Verbindung für Gäste zum (in der Regel kostenlosen) Service. Ebenso kann man in vielen Cafés und Restaurants mit Notebook, Tablet oder Smartphone lossurfen – fragen Sie ggf. die Bedienung nach dem entsprechenden Passwort *(la clave)*.

Für die Erreichbarkeit und die Navigation unterwegs bietet sich ein Smartphone-Chip an, mit dem Sie im Mobilfunknetz online gehen können, das derzeit auf 4G aufgerüstet wird. Den Chip bekommen Sie in einem Handyladen oder Kaufhaus ab ca. 20 Euro (Startguthaben inklusive); nachgeladen wird per Kreditkarte. Siehe auch „Telefon & Handy".

KLEIDUNG

So leicht, leger und bunt wie möglich – am Strand. T-Shirt und (lange) Hose sind für fast alle Gelegenheiten ausreichend, dazu Sportschuhe. In Restaurants, Büros und öffentlichen Gebäuden legen die Chilenen aber großen Wert auf korrekte Kleidung. Kurze Hosen sind in der Stadt tabu, ebenso Sandalen. In den Anden und in Patagonien ist warme, wetterfeste Kleidung angesagt.

KLIMA & REISEZEIT

Heiß und trocken ist es im Norden, im äußersten Süden dagegen selbst im chilenischen Sommer (Nov.–März) kühl und wechselhaft. Die mittleren Regionen haben ein angenehmes, fast mediterranes Klima mit langen, trockenen Sommern und einer Regenzeit (Mai–Aug.). Die Jahreszeiten in Chile sind gegenüber Europa um 6 Monate versetzt. Die schönste Reisezeit für Mittel- und Südchile ist November bis März, im Norden das ganze Jahr über.

MIETWAGEN

Das Mindestalter beträgt bei den meisten Vermietern 22 Jahre. In der Regel genügt der nationale Führerschein; erforderlich ist eine ausreichend gedeckte internationale Kreditkarte. Die Preise reichen von 30 Euro/Tag für einen Kleinwagen bis zu 90 Euro für einen geländegängigen SUV. Beim Abschluss des Mietvertrags sollte man auf unbegrenzte Kilometerzahl und Pannendienst achten sowie eine Vollkaskoversicherung einbeziehen. Einwegmieten können angesichts der großen Entfernungen teuer werden; fragen Sie nach Überführungsangeboten! Auch für die Fahrt nach Argentinien wird ein Zuschlag berechnet.

Für die Reisesaison (Nov.–März) wird eine frühzeitige Reservierung empfohlen, beliebte Modelle (speziell Jeeps und SUVs) sind früh ausgebucht, ebenso die wenigen Wohnmobile auf dem Markt. Für die Erd- und Schotterpisten im Norden und in Patagonien sind geländegängige Fahrzeuge unabdingbar. Bei Fahrten in abgelegene Gebiete können ein zweites Ersatzrad und ein Benzinkanister nützlich sein. Angebote für Autovermietungen finden Sie auch unter *www.marcopolo.de*.

WETTER IN SANTIAGO

	Jan.	Feb.	März	April	Mai	Juni	Juli	Aug.	Sept.	Okt.	Nov.	Dez.
Tagestemperaturen in °C	29	29	27	23	18	14	15	17	19	22	26	28
Nachttemperaturen in °C	12	11	9	7	5	3	3	4	6	7	9	11
☀	11	9	8	6	4	3	3	4	5	6	9	10
☂	0	0	1	1	5	6	6	5	3	3	1	0

 ☀ Sonnenschein Stunden/Tag ☂ Niederschlag Tage/Monat

NOTRUF

Notrufnummer Polizei *(carabineros)*: *Tel. 133*, Ambulanz: *Tel. 131*

POST

Ein Standardbrief nach Europa kostet ca. 70 Cent und braucht 5–8 Tage. Briefkästen sind unüblich, die Post *(correos)* unterhält überall Filialen.

STROM

Netzspannung 220 Volt, 50 Hertz-Wechselstrom. Für die Steckdosen benötigen Sie einen Adapter.

TAXI

Fahren Sie nicht los, ohne einen Preis ausgehandelt zu haben bzw. ohne dass der Taxameter eingeschaltet ist. Taxifahren ist billig, aber oft mühselig, da sich die Fahrer selten auskennen. Auch in Chile haben nützliche Taxi-Apps wie *SaferTaxi*, *EasyTaxi* und *Uber* Einzug gehalten.

TELEFON & HANDY

Chile (Vorwahl 0056) verfügt über ein modernes Telefonnetz mit mehreren Anbietern. Handys sind weit verbreitet, allerdings brechen die Digitalnetze in abgelegenen Regionen schnell zusammen. Die meisten europäischen Mobilfunkbetreiber bieten für Chile Roaming an, Sie benötigen dafür ein Tribandgerät. Erkundigen Sie sich vorher nach den meist stolzen Tarifen. Die SIM-Karte Ihres Handys gegen einen chilenischen Prepaidchip auszutauschen ist ähnlich preiswert, wie sich vor Ort ein Prepaidhandy mit Gesprächsguthaben zu kaufen. Chilenische Handynummern sind neunstellig mit einer 9 am Anfang. Für Anrufe ins Ausland nutzen Sie am besten Internet-Dienste wie Skype oder Whatsapp. Vorwahl nach Deutschland: 0049, nach Österreich: 0043, in die Schweiz: 0041.

TRINKGELD

Ca. 10 Prozent Trinkgeld werden im Restaurant erwartet; man lässt einen Teil des Wechselgeldes zurück oder zahlt das Trinkgeld mit der Kredikarte gleich mit. Kofferträger, Zimmermädchen, Einpacker im Supermarkt und andere dienstbare Geister erwarten ein paar Pesos, weil sie davon leben müssen.

ZEIT

Chile hat in den vergangenen Jahren wiederholt mit der Sommerzeit experimentiert – mit entsprechendem „Zeitsalat“ bei Computern und Smartphones. Während der deutschen Winterzeit (Ende Okt.–Ende März) liegt Chile 4 Stunden gegenüber der MEZ zurück. In der chilenischen Winterzeit (zuletzt Mitte Mai–Mitte Aug.) beträgt der Unterschied 6 Stunden, in den Phasen dazwischen 5.

ZOLL

500 Zigaretten, 2,5 l Wein oder 1 l Hochprozentiges können zollfrei eingeführt werden. Die chilenischen Behörden beschlagnahmen frisches Obst und Gemüse, Samen, Honig, nicht pasteurisierte Milchprodukte, Wurst und Fleisch. Deklarieren Sie solche Produkte unbedingt, die Kontrollen sind streng, die Strafen empfindlich! In die EU dürfen bei der Rückreise eingeführt werden: Geschenke im Wert von bis zu 430 Euro, 200 Zigaretten, 500 g Kaffee, 50 g Parfüm, 2 l Wein und 1 l Spirituosen. Streng verboten ist die Einfuhr von Souvenirs aus geschützten Tieren oder Pflanzen.

SPRACHFÜHRER SPANISCH

AUSSPRACHE

c	vor „e" und „i" stimmloser Lispellaut wie englisches „th"
ch	stimmloses „tsch" wie in „tschüss"
g	vor „e, i" wie deutsches „ch" in „Bach"
gue, gui/que, qui	das „u" ist stumm, wie deutsches „ge", „gi"/„ke", „ki"
j	immer wie deutsches „ch" in „Bach"
ll, y	wie deutsches „j"
ñ	wie deutsches „nj"

AUF EINEN BLICK

ja/nein/vielleicht	sí/no/quizás
bitte/danke	por favor/gracias
Hallo!/Auf Wiedersehen!/Tschüss!	¡Hola!/¡Adiós!/¡Hasta luego!
Gute(n) Morgen!/Tag!/Abend!/Nacht!	¡Buenos días!/¡Buenos días!/¡Buenas tardes!/¡Buenas noches!
Entschuldige!/Entschuldigen Sie!	¡Perdona!/¡Perdone!
Darf ich ...?	¿Puedo ...?
Wie bitte?	¿Cómo dice?
Ich heiße ...	Me llamo ...
Wie heißen Sie?/Wie heißt Du?	¿Cómo se llama usted?/¿Cómo te llamas?
Ich komme aus ...	Soy de ...
Deutschland/Österreich/Schweiz	Alemania/Austria/Suiza
Ich möchte .../Haben Sie ...?	Querría .../¿Tiene usted ...?
Wie viel kostet ...?	¿Cuánto cuesta ...?
Das gefällt mir (nicht).	Esto (no) me gusta.
gut/schlecht	bien/mal
kaputt/funktioniert nicht	roto/no funciona
zu viel/viel/wenig/alles/nichts	demasiado/mucho/poco/todo/nada
Hilfe!/Achtung!/Vorsicht!	¡Socorro!/¡Atención!/¡Cuidado!
Krankenwagen/Polizei/Feuerwehr	ambulancia/policía/bomberos
Darf ich hier fotografieren?	¿Podría fotografiar aquí?

DATUMS- & ZEITANGABEN

Montag/Dienstag/Mittwoch	lunes/martes/miércoles
Donnerstag/Freitag/Samstag	jueves/viernes/sábado
Sonntag/Werktag/Feiertag	domingo/laborable/festivo

¿Hablas español?

„Sprichst du Spanisch?" Dieser Sprachführer hilft Ihnen, die wichtigsten Wörter und Sätze auf Spanisch zu sagen

heute/morgen/gestern	hoy/mañana/ayer
Stunde/Minute/Sekunde/Augenblick	hora/minuto/segundo/momento
Tag/Nacht/Woche/Monat/Jahr	día/noche/semana/mes/año
jetzt/sofort/früher/später	ahora/enseguida/antes/después
Wie viel Uhr ist es?	¿Qué hora es?
Es ist drei Uhr./Es ist halb vier.	Son las tres./Son las tres y media.
Viertel vor vier/Viertel nach vier	cuatro menos cuarto/cuatro y cuarto

UNTERWEGS

offen/geschlossen/Öffnungszeiten	abierto/cerrado/horario
Eingang/Einfahrt/Ausgang/Ausfahrt	entrada/acceso/salida/salida
Abfahrt/Abflug/Ankunft	salida/salida/llegada
Toiletten/Damen/Herren	aseos/señoras/caballeros
frei/besetzt	libre/ocupado
(kein) Trinkwasser	agua (no) potable
Wo ist ...? / Wo sind ...?	¿Dónde está ...? /¿Dónde están ...?
links/rechts	izquierda/derecha
geradeaus/zurück	recto/atrás
nah/weit	cerca/lejos
Ampel/Ecke/Kreuzung	semáforo/esquina/cruce
Bus/Straßenbahn/U-Bahn/Taxi	autobús/tranvía/metro/taxi
Haltestelle/Taxistand	parada/parada de taxis
Parkplatz/Parkhaus	parking/garaje
Stadtplan/(Land-)Karte	plano de la ciudad/mapa
Bahnhof/Hafen/Flughafen	estación/puerto/aeropuerto
Fähre/Anleger	transbordador/muelle
Fahrplan/Fahrschein/Zuschlag	horario/billete/suplemento
einfach/hin und zurück	sencillo/ida y vuelta
Zug/Gleis/Bahnsteig	tren/vía/andén
Verspätung/Streik	retraso/huelga
Ich möchte ... mieten.	Querría ... alquilar.
ein Auto/ein Fahrrad/ein Boot	un coche/una bicicleta/un barco
Tankstelle/Benzin/Diesel	gasolinera/gasolina/diesel
Panne/Werkstatt	avería/taller

ESSEN & TRINKEN

Reservieren Sie uns bitte für heute Abend einen Tisch für vier Personen.	Resérvenos, por favor, una mesa para cuatro personas para hoy por la noche.
auf der Terrasse/am Fenster	en la terraza/junto a la ventana
Die Speisekarte, bitte!	¡El menú, por favor!

Könnten Sie mir bitte ... bringen?	¿Podría traerme ... por favor?
Flasche/Karaffe/Glas	botella/jarra/vaso
Messer/Gabel/Löffel	cuchillo/tenedor/cuchara
Salz/Pfeffer/Zucker	sal/pimienta/azúcar
Essig/Öl/Milch/Zitrone	vinagre/aceite/leche/limón
kalt/versalzen/nicht gar	frío/demasiado salado/sin hacer
mit/ohne Eis/Kohlensäure	con/sin hielo/gas
Vegetarier/Vegetarierin/Allergie	vegetariano/vegetariana/alergía
Ich möchte zahlen, bitte.	Querría pagar, por favor.
Rechnung/Quittung/Trinkgeld	cuenta/recibo/propina

EINKAUFEN

Apotheke/Drogerie	farmacia/droguería
Bäckerei/Markt	panadería/mercado
Metzgerei/Fischgeschäft	carnicería/pescadería
Einkaufszentrum/Kaufhaus	centro comercial/grandes almacenes
Geschäft/Supermarkt/Kiosk	tienda/supermercado/quiosco
100 Gramm/1 Kilo	cien gramos/un kilo
teuer/billig/Preis	caro/barato/precio
mehr/weniger	más/menos
aus biologischem Anbau	de cultivo ecológico

ÜBERNACHTEN

Ich habe ein Zimmer reserviert.	He reservado una habitación.
Haben Sie noch ...?	¿Tiene todavía ...?
Einzelzimmer/Doppelzimmer	habitación individual/habitación doble
Frühstück/Halbpension/Vollpension	desayuno/media pensión/pensión completa
nach vorne/zum Meer/zum Garten	hacia delante/hacia el mar/hacia el jardín
Dusche/Bad	ducha/baño
Balkon/Terrasse	balcón/terraza
Schlüssel/Zimmerkarte	llave/tarjeta
Gepäck/Koffer/Tasche	equipaje/maleta/bolso
Schwimmbad/Spa/Sauna	piscina/spa/sauna
Seife/Toilettenpapier/Windel	jabón/papel higiénico/pañal
Babybett/Kinderstuhl/wickeln	cuna/trona/cambiar los pañales
Anzahlung/Kaution	anticipo/caución

BANKEN & GELD

Bank/Geldautomat/Geheimzahl	banco/cajero automático/número secreto
bar/Kreditkarte	en efectivo/tarjeta de crédito
Banknote/Münze/Wechselgeld	billete/moneda/cambio

GESUNDHEIT

Arzt/Zahnarzt/Kinderarzt	médico/dentista/pediatra
Krankenhaus/Notfallpraxis	hospital/urgencias
Fieber/Schmerzen/entzündet/verletzt	fiebre/dolor/inflamado/herido
Durchfall/Übelkeit/Sonnenbrand	diarrea/náusea/quemadura de sol
Pflaster/Verband/Salbe/Creme	tirita/vendaje/pomada/crema
Schmerzmittel/Tablette/Zäpfchen	calmante/comprimido/supositorio

TELEKOMMUNIKATION & MEDIEN

Briefmarke/Brief/Postkarte	sello/carta/postal
Ich brauche eine Telefonkarte.	Necesito una tarjeta telefónica.
Ich suche eine Prepaidkarte für mein Handy.	Busco una tarjeta prepago para mi móvil.
Wo finde ich einen Internetzugang?	¿Dónde encuentro un acceso a internet?
wählen/Verbindung/besetzt	marcar/conexión/ocupado
Steckdose/Adapter/Ladegerät	enchufe/adaptador/cargador
Computer/Batterie/Akku	ordenador/batería/batería recargable
E-Mail(-Adresse)/At-Zeichen	(dirección de) correo electrónico/arroba
Internetadresse (URL)	dirección de internet
Internetanschluss/WLAN	conexión a internet/wifi
Datei/ausdrucken	archivo/imprimir

FREIZEIT, SPORT & STRAND

Strand/Sonnenschirm/Liegestuhl	playa/sombrilla/tumbona
Ebbe/Flut/Strömung	marea baja/marea alta/corriente
Seilbahn/Sessellift	funicular/telesilla

ZAHLEN

0	cero	14	catorce
1	un, uno, una	15	quince
2	dos	16	dieciséis
3	tres	17	diecisiete
4	cuatro	18	dieciocho
5	cinco	19	diecinueve
6	seis	20	veinte
7	siete	100	cien, ciento
8	ocho	200	doscientos, doscientas
9	nueve	1000	mil
10	diez	2000	dos mil
11	once	10 000	diez mil
12	doce	1/2	medio
13	trece	1/4	un cuarto

REISEATLAS

Verlauf der Erlebnistour „Perfekt im Überblick"
Verlauf der Erlebnistouren

Der Gesamtverlauf aller Touren ist auch in der herausnehmbaren Faltkarte eingetragen

 Bild: Wasserfall im Nationalpark Torres del Paine

Unterwegs in Chile

Die Seiteneinteilung für den Reiseatlas finden Sie auf dem hinteren Umschlag dieses Reiseführers

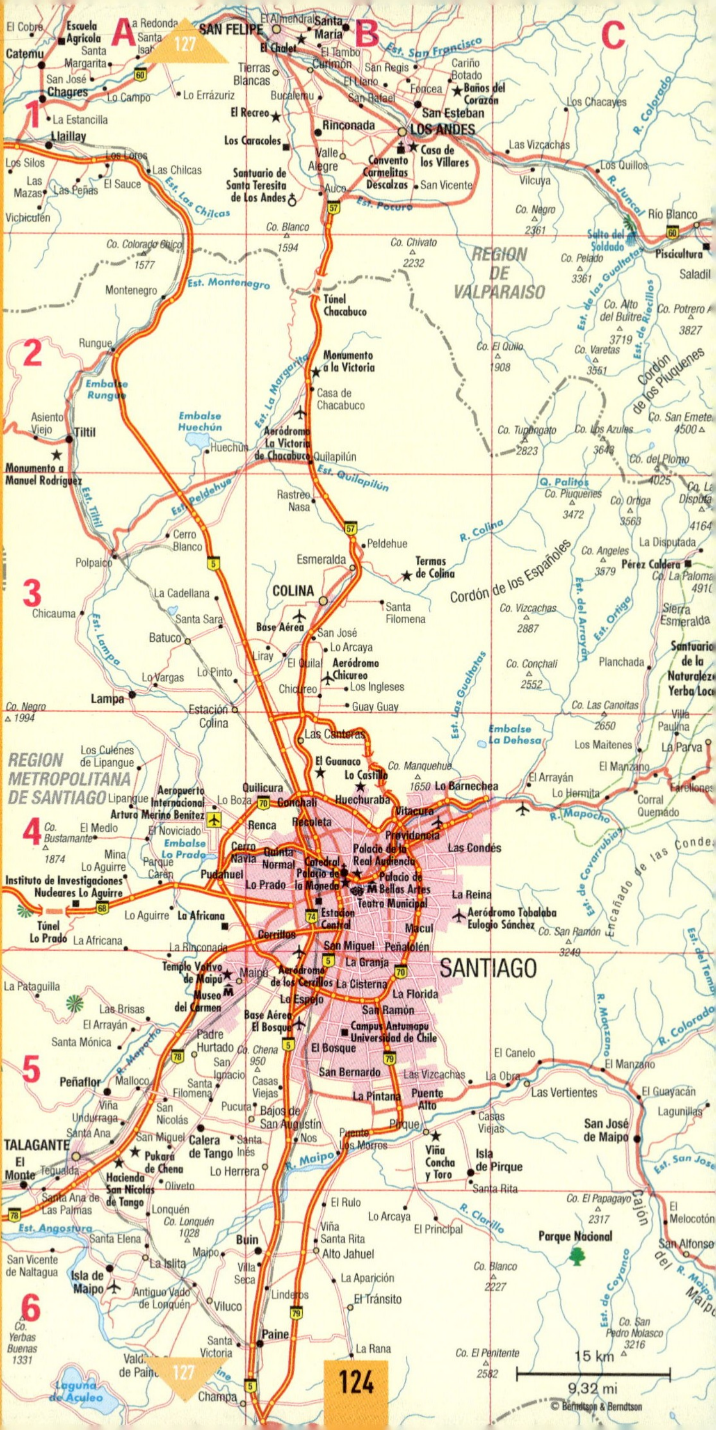
A
B
C
1
2
3
4
5
6
127
El Cobre
Escuela Agrícola
Catemu
A la Redonda
Santa Isabel
Santa Margarita
San José
Chagres
Lo Campo
Lo Errázuriz
La Estancilla
Llaillay
Los Loros
Los Silos
Las Chilcas
Las Mazas
Las Peñas
El Sauce
Vichiculén
Est. Las Chilcas
SAN FELIPE
El Almendral
Santa María
El Chalet
El Tambo
Curimón
Tierras Blancas
Bucalemu
El Recreo
Los Caracoles
Rinconada
Valle Alegre
Santuario de Santa Teresita de Los Andes
Auco
Est. San Francisco
San Regis
Cariño Botado
El Llano
Foncea
Baños del Corazón
San Rafael
San Esteban
LOS ANDES
Convento Carmelitas Descalzas
Casa de los Villares
San Vicente
Est. Pocuro
Los Chacayes
R. Colorado
Las Vizcachas
Los Quillos
Vilcuya
R. Juncal
Río Blanco
Salto del Soldado
Piscicultura
Saladillo
Co. Negro 2361
Co. Blanco 1594
Co. Colorado Chico 1577
Co. Chivato 2232
REGION DE VALPARAISO
Co. Pelado 3361
Est. de las Gualtatas
Co. Alto del Buitre 3719
Est. de Riecillos
Co. Potrero Alto 3827
Co. Varetas 3551
Cordón de los Pluquenes
Montenegro
Est. Montenegro
Túnel Chacabuco
Rungue
Embalse Rungue
Monumento a la Victoria
Casa de Chacabuco
Est. La Margarita
Co. El Quilo 1908
Asiento Viejo
Tiltil
Embalse Huechún
Huechún
Aeródromo La Victoria de Chacabuco
Quilapilún
Est. Quilapilún
Co. Tupungato 2823
Co. Los Azules 3643
Co. San Emeterio 4500
Co. del Plomo 4025
Monumento a Manuel Rodríguez
Est. Tiltil
Est. Peldehue
Rastreo Nasa
Q. Palitos
Co. Pluquenes 3472
Co. Ortiga 3563
Co. La Disputa 4164
Cerro Blanco
Polpaico
Peldehue
R. Colina
La Disputada
Esmeralda
Termas de Colina
Co. Angeles 3579
Pérez Caldera
Co. La Paloma 4910
Cordón de los Españoles
Chicauma
La Cadellana
COLINA
Santa Filomena
Co. Vizcachas 2887
Est. del Arrayán
Est. Ortiga
Sierra Esmeralda
Est. Lampa
Santa Sara
Base Aérea
San José
Batuco
Lo Arcaya
Liray
El Quilal
Aeródromo Chicureo
Co. Conchali 2552
Planchada
Santuario de la Naturaleza Yerba Loca
Lo Vargas
Lo Pinto
Chicureo
Los Ingleses
Est. Las Gualtatas
Lampa
Guay Guay
Co. Negro 1994
Estación Colina
Co. Las Canoitas 2650
Villa Paulina
Las Canteras
Embalse La Dehesa
Los Maitenes
La Parva
REGION METROPOLITANA DE SANTIAGO
Los Culenes de Lipangue
El Guanaco
Lo Castillo
Co. Manquehue 1650
El Manzano
El Arrayán
Lipangue
Aeropuerto Internacional Arturo Merino Benítez
Lo Boza
Quilicura
Conchalí
Huechuraba
Lo Barnechea
Lo Hermita
Farellones
Corral Quemado
Co. Bustamante 1874
El Medio
El Noviciado
Renca
Recoleta
Vitacura
R. Mapocho
Providencia
Las Condes
Embalse Lo Prado
Cerro Navia
Quinta Normal
Palacio de la Real Audiencia
Est. de Covarrubias
Encañado de las Condes
Mina Lo Aguirre
Parque Carén
Catedral
Palacio de la Moneda
Palacio de Bellas Artes
Instituto de Investigaciones Nucleares Lo Aguirre
Pudahuel
Lo Prado
Teatro Municipal
La Reina
Lo Aguirre
La Africana
Estación Central
Aeródromo Tobalaba Eulogio Sánchez
Túnel Lo Prado
La Africana
Macul
Co. San Ramón 3249
Cerrillos
Peñalolén
La Rinconada
San Miguel
La Granja
SANTIAGO
Templo Votivo de Maipú
Maipú
Aeródromo de los Cerrillos
La Cisterna
Est. del Temple
La Pataguilla
Museo del Carmen
La Florida
Lo Espejo
San Ramón
R. Manzano
Las Brisas
El Arrayán
Base Aérea El Bosque
Campus Antumapu Universidad de Chile
R. Colorado
Santa Mónica
Padre Hurtado
Co. Chena 950
El Bosque
R. Mapocho
El Canelo
El Manzano
Peñaflor
Malloco
San Ignacio
San Bernardo
Las Vizcachas
La Obra
Santa Filomena
Casas Viejas
La Pintana
Puente Alto
Las Vertientes
El Guayacán
Viña Undurraga
San Nicolás
Pucura
Bajos de San Agustín
Lagunillas
Santa Ana
Pirque
Casas Viejas
San José de Maipo
TALAGANTE
San Miguel
Calera de Tango
Santa Inés
Nos
Puente Los Morros
Viña Concha y Toro
Isla de Pirque
Est. San José
El Monte
Tegualda
Pukará de Chena
Hacienda San Nicolás de Tango
Lo Herrera
R. Maipo
Oliveto
Santa Rita
Santa Ana de Las Palmas
Longuén
El Rulo
R. Clarillo
Co. El Papagayo 2317
Cajón del Maipo
El Melocotón
Est. Angostura
Co. Lonquén 1028
Lo Arcaya
El Principal
Parque Nacional
Santa Elena
Viña Santa Rita
San Alfonso
San Vicente de Naltagua
Maipo
Buin
Alto Jahuel
La Islita
Villa Seca
La Aparición
Co. Blanco 2227
Est. de Coyanco
R. Maipo
Isla de Maipo
Antiguo Vado de Lonquén
Viluco
Linderos
El Tránsito
Co. Yerbas Buenas 1331
Paine
Co. San Pedro Nolasco 3216
Santa Victoria
La Rana
Co. El Penitente 2582
Valdivia de Paine
15 km
9,32 mi
Laguna de Aculeo
Champa
5
57
60
68
70
74
78
79
© Berndtson & Berndtson

D
E
F
PERÚ
BOLIVIA
TACNA
ARICA
-5h Gr. Time
-4h Gr.
IQUIQUE
Oficina Humberstone
Bahía Chiquinata
Pta. Gruesa
Caleta Vitor
Pta. Lobos
Aduana y Retén de Cuya
Co. Atajaña
Pta. Gorda
Pisagua
Pta. Pichalo
Junin
Zapiga
Panamericana
Co. Constancia
Huara
Pozo Almonte
La Tirana
Pica
Matilla
R.N. Pampa del Tamarugal
Salar de Pintados
Sal. de Bella Vista
Pintados
Co. Oyarbide
Chanabayita
Pta. Patache
Pabellón de Pica
Victoria
Playa El Aguila
Pta. Lobos
Lagunas
Escalerilla
Ramadillas
Salar Grande
Salar de Llamara
R. Loa
Caleta Loa
Cta. Pta. Arenas
Pta. Arenas
Quillagua
Cabo Paquica
Co. Tolar
Toco
Tocopilla
María Elena
Co. Colupo
Pedro de Valdivia
Pta. Cobija
Michilla
Carolina
Bahía Mejillones
Pta. Angamos
Mejillones
Rencoret
Reveca
Sierra Gorda
Garuma
Salitrera Chacabuco
Salinas
Baquedano
Bolsico
Pta. Tetas
P.N. Morro Moreno
Bahía Moreno
ANTOFAGASTA
Prat
La Negra
Latas
Palestina
Varillas
Cta. Agua Duke
El Cobre
Aguas Blancas
Varillas
San Cristóbal
Co. Palestina
Co. Mastodonte
Flor del Desierto
San Juan
Llano Mellizos del Quimal
Cordillera de Domeyko
Cordillera de la Sal
Sra. Mariposa
Co. Pingo Pingo
Tilopozo
Co. Pular
Monturaqui
CALAMA
Chuquicamata
Chiu Chiu
Cs. de Chugchúg
Conchi
Co. Pajonal
Sra. de Moreno
Lequena
Pampa del Arestruz
San Pedro
Ascotán
Salar de Ascotán
Po. Ascotan ó del Jardin
Ollagüe
Vn. Ollagüe
Co. Auçan
Cerrillos
Tuina
Caspana
Línzor
Géiser El Tatio
Guatin
Vn. Licancabur
San Pedro de Atacama
Valle de la Luna
Observatorio Alma
Toconao
Salar de Atacama
Peine
Laguna Miscanti
Cord. de Puntas Negras
Tropic of Capricorn
Paso Jama
Vn. Láscar
Sal. de Quisquiro
Sal. Aguas Calientes
Huaytiquina
Po. de Huaytiquina
Co. Rincón
Sna. del Rincón
Salar de Pocitos
Lag. Colorada
Co. Vizcachillas
Co. Bravo
R.N. Eduardo Avaroa de Fauna Andina
Cs. de Tocopuri
Lag. Coruto
-4h Gr. Time
-3h Gr. Time
Co. Soniquera
Alota
R. Aloro
S. Cristóbal
Gran Pampa Pelada
Gran Pampa Salada
Río Grande
Julaca
San Juán
Chiguana
Villa Martin
San Pedro de Quemes
Co. Caltama
Salar de Uyuni
Co. Tunapa
Llica
P.N. Llica
Salinas de Garci Mendoza
Salar de Coipasa
L. de Coipasa
Meteorite Craters
Tambo Tambillo
Pampa Aullagas
Orinoca
Andamarca
Escara
Sabaya
Huachacalla
Pisiga Bolívar
Co. Coipasa
Colchane
Cariquima
Isluga
Volcán
Co. Tatajachura
Cancosa
Collacagua
Mamiña
Yarvicoya
Salar de Huasco
Salar de Empexa
Co. Caltama
Co. Copa
Cana
Co. Coposa
Q. de Chacarilla
Q. de Guatacondo
Guatacondo
Q. de Mani
Q. de Sipuca
Q. Tambillo
Q. de Arcas
R. Loa
Tarapacá
Coscaya
Chusmisa
Aroma
Q. de Aroma
Calatambo
Camiña
Q. de Tana ó Camiña
Palca
Esquina
R. Camarones
Codpa
Co. P. Negro
Timalchara
Salar de Surire
Las Vicuñas
Co. Uliscaya
E. de Caritaya
Belén
Gualla tiri
Putre
R. Lluta
P.N. Lauca
Caquena
Nev. de Putre
Nev. de Sajama
L. Chungará
Chungará
Vn. Guallatiri
Sajama
Cosapa
Turco
Jaruma
Macoya
Sacabaya
Corque
Toledo
L. Uru Uru
ORURO
Caracollo
Totora
Curahuara de Carangas
S. Pedro de Curahuara
R. Desaguadero
Okoruro
Visviri
Vn. Tacora
Cosapilla
Pachia
Las Yaras
Los Baños
Hospicia
R. Sama
L. de Poopó
50 km
31.07 mi
Pampa del Tamarugal
Cordillera Occidental
126

A
B
C
1
2
3
4
5
6
125
127
La Negra
Co. Palestina
Palestina
Latas
Sra. Mariposa
Tilopozo
Co. Pingo Pingo
Cta. Agua Duke
Varillas
El Cobre
Panamericana
Aguas Blancas
Varillas
3438
Mina Escondida
Monturaqui
Socompa
Co. Pul
Paranal
Pta. das Reyes
Co. Paranal
Observatorio Paranal
Los Vientos
Salar Punta Negra
Vn. Llullaillaco
6723
P.N. Llullaillaco
Caipe
Q. de Profeta
Corrida de Cori
Salar de R. Grande
Paposa
Pta. Grande
Q. Mantanzilla
Of Alemania
2655
Sta. Luisa
Catalina
Cta. Bandurrias
Sal. de Pajonales
Mina la Casualidad
5680
Taltal
Q. de Taltal
2285
Pta. San Pedro
Cifuncho
Co. Cortaderal
Q. de Chaco
Plato de Sopa
Vn. Antofalla
Costa
Desierto de Atacama
Cordillera de Domeyko
Cordillera de la Costa
574
Q. Cachina
Altamira
Q. Juncal
Mina Exploradora
Salar de la Isla
Co. Aguas Blancas
5780
Alto de los Colorados
Planta Esmeralda
Pampa Sa. Overa
Sra. del Jardin
Rosario
Q. del Carrizo
Sal. de Aguilar
P. N. Pan de Azúcar
Q. Pan de Azúcar
Co. Doña Inés
5070
Sal. Grande
1225
El Salvador
Salar de Pedernales
Chañaral
Pta. Animas
El Salado
Diego de Almagro
Potrerillos
Sierra Nevada de Lag. Bravas
6120
Q. de las Animas
Finca de Chañaral
Co. Bravo
5280
Co. el Cóndor
Peña Blanco
Chivato
Inca de Oro
Cord. Claudio Gay
Peñón del Falso Azufre
Nev. 6300
Po. de San Francisco
Co. Negro
1006
Q. de Morado
Laguna Verde
5870
(4726)
Nevado de Incahuasi
6620
Caldera
Ba. Inglesa
Galleguillos
3106
Q. de San Andrés
Salar de Maricunga
Co. Tres Cruces
6358
6893
Nevado Ojos del Salado
Pta. Morro
Sa. de la Gloria
San Luis
P.N. Nevado de Tres Cruces
Co. Azufre ó Copiapo
5090
COPIAPÓ
Q. Paipote
Paipote
Barranquilla
San Ramón
3266
Salina de Lag. Verde
Valle de Chaschuil
Pta. Cachos
Q. de la Justa
Potrero Seco
Sra. San Miguel
La Guardia
5880
Cord. de Darwin
Co. Pissis
5813
6795
Chaschuil
Los Loros
R. Turbio
Sra. del Neladero
Co. Bonete
6872
Totoral
3100
Cerro Blanco
R. la Troya
Tinogasta
4893
Carrizal Bajo
Q. del Totoral
Q. Carrizal
Pta. de Díaz
Juntas
P.N. Llanos de Challe
Canto del Agua
La Cienaga
Sra. del Toro Negro
Pta. Lobos
5830
Co. del Potro
Cord. de la Brea
R. Bonete
R. Jagüe
Huasco
R. Huasco
336
Co. del Placeton
Q. Algarrobal
R. Manflas
R. de Illnea
Sierra de la Punilla
R. Gde. de Valle Hermoso
Pta. Alcalde
Cta. Tontado
Freirina
Vallenar
3779
Alto del Carmen
R. Lag. Grande
Vinchina
Sierra de Famatina
Sarco
Q. San Juan
R.N. Pinguino de Humboldt
I. Chañaral
El Higirio
Pta. del Viento
Domeyko
La Pampita
R. Conay
Conay
Sierra de Tatul
P.N. San Guillermo
Cord. de Sta. Rosa
ARGENTINA
4210
R. de la Troya
R. Vinchina
Pta. Carrizal
I. Choros
Q. del Pelicano
R. del Carmen
Estero Blanco
Co. del Toro
6380
R. de las Taguas
R. de la Palca
Va. Unión
Pta. Choros
La Higuera
R. Potrerillos
Cord. de la Ortiga
Cord. de Colanguil
Co. Cordobés
4760
Is. Pajaros
Gualcuna
Guandacol
R. Bermejo
Puerto Alegre
Chacay Alto
La Laja
Co. Doña Ana
5690
3985
P.N. Talampaya
Cta. los Hornes
Latorre
Pta. Porotos
Ba. Coquimbo
Guanta
Las Hediondas
Po. de Vac. Helados
(4710)
3840
LA SERENA
Pta. Lagunillas
Coquimbo
R. Elqui
Rivadavia
R. Turbio
6223
Malimán de Abajo
P. Nat. Prov. Ischigualasto
Ba. Guanaquero
Vicuña
Pisco Elqui
Po. del Agua Negra
(4779)
San José de Jáchal
Sa. de Mogna
Tongoy
1595
Andacollo
Hurtado
R. Cochiguaz
R. Agua Negra
Las Flores
50 km
31.07 mi
Pta. Lengua de Vaca
Altos de Talinay
R. Hurtado
Po. de Barahona
373

D
E
F
50 km
31.07 mi
Coquimbo
Pta. Lagunillas
Ba. Guanaquero
Pta. Lengua de Vaca
Tongoy
Vicuña
Pisco Elqui
Hurtado
Andacollo
126
Po. del Agua Negra
Las Flores
1
Altos de Talinay
Ovalle
Fray Jorge
P. N. Bosque de Fray Jorge
Monte Patria
Cord. Doña Rosa
Po. de Barahona (4511)
Central los Molles
Cord. de Olivares
Tocota
Castaño Viejo
Villa Nueva
La Ligua
Combarbalá
367
Las Ramadas
Canela Baja
Co de Curimávida
4145
OCÉANO
PACÍFICO
Calingasta
Co. de Ansilta
Cord. de Ansilta
Cord. de Ollita
Illapel
Carén
Zapallar
Salamanca
El Pachon
Po. de la Guardia (4200)
Po. Picheregua
Co. Mercedario
6770
Valle de Calingasta
Barreal
2
Observatorio Astronómico El Leoncito
Cabo Tablas
Ba. Conchali
Los Vilos
Tilama
Panamericana
Almendrillo
Los Molles
Pta. Molles
Chincolco
Cta. la Ligua
Cabildo
La Ligua
Zapallar
Ba. Quintero
P. N. Aconcagua
Co. Aconcagua
6962
Cordillera del Tigre
Uspallata
Pta. Lilles
Quintero
La Calera
San Felipe
Los Andes
66
273
Puente del Inca
3
Potrerillos
Pta. de Concón
Quillota
Concón
Llay-Llay
P.N. La Campana
Las Cuevas
Po. Los Libertadores
Viña del Mar
Valparaíso
Limache
Villa Alemana
Quilpué
Colina
80
110
P. Prov. Volcán Tupungato
La Disputada
Casablanca
Co. Roble Alto
Curacaví
Santiago D.Chile
Algarrobo
Pta. de Traela
Isla Negra
Maipú
Peñaflor
Talagante
Vn. Tupungato
Cordón del Plata
San Antonio
Pta. Toro
Retén Atalaya
Melipilla
San Bernardo
Pte. Alto
109
Po. de los Piuquenes (4030)
Po. Argentino (4380)
M.N. El Morado
Cajón del Maipo
El Volcán
Vn. San José
Pueblo Hundido
El Membrillo
Paine
S. Francisco de Mostazal
4
Pta. Topocalma
Rancagua
Sewell
Emb. Rapel
El Manzano
Mina la Juanita
Vn. Maipo
Pichilemu
Pta. Lobos
Peumo
Población
S.Vicente de Tagua
256
Rengo
R.N. Río los Cipreses
Refugio la Faja
Pta. Lora
Bucalemu
S. Fernando
R. N. Laguna Torca
Lolol
Sta.Cruz
Chimbarongo
Planta de Azufre
Cuch. de la Tristeza
Vichuquén
Co. Quiriñeo
Termas del Flaco
Iloca
La Huerta
Curicó
Molina
Las Leñas
Po. Vergara (2850)
R. Salado
5
El Sosneado
Curepto
Quivolgo
Constitución
Cabo Humos
Pichaman
Talca
Aduana
P.N. Radal Siete Tazas
Vn. Peteroa
Huencuecho Sur
Ba. las Cañas
Pta. la Vieja
Empedrado
S. Javier
Clemente
R.N. Altos de Lircay
Vn. Descabezado Grande
Malargüe
Fortín Malargüe
Ba. Chanco
Chanco
Curanipe
Sauzal
Linares
232
Co. Campanario
Bardas Blancas
Cauquenes
161
Panamericana
El Salto
Retén Laguna
Cueva de las Brujas
Sra. de Palauco
Lag. del Maule
Po. Maule o Pehuenche (2500)
Cobquecura
Nev. de Longaví
Parral
Digua
6
Quirihué
Co. Colquen
Ranquil-Có
Coelemu
S. Carlos
Sra. de Cochicó
Cajón Troncoso
Pta. Tumbes
Pen. de Tumbes
Tomé
Portezuelo
Valle Longitudinal
Cordillera de la Costa
Talcahuano
Hualpén
Chillán
Coihueco
Bulnes
127
128
Varvarco
Vn. Domuyo
Ranquil Norte
ARGENTINA

A
B
C
127
129
1
2
3
4
5
6
TALCAHUANO
Hualpén
CONCEPCIÓN
S.Pedro de la Paz
Chiguayante
CORONEL
Lota
Tomé
Coelemu
Portezuelo
S. Carlos
Co. Colquen
CHILLÁN
Coihueco
La Punilla
Bulnes
R. Ñuble
R. Chillán
R. Diguillín
Pemuco
Cabrero
Yumbel
Yungay
Huepil
Termas de Chillán
Co. Centinela
3013
Varvarco
4710
Vn. Domuyo
Cord. del Viento
Buta Ranquil
Vn. Tromen
3978
Chos Malal
Pta. Tumbes
Pen. de Tumbes
Pta. Pesca
Isla Santa María
Golfo de Arauco
Pta. Lavapié
Llico
Arauco
Co. Los Piros
844
La Laja
R. Biobío
Salto del Laja
R. Laja
P.N. Lag. del Laja
R. Polcura
Antuco
Vn. Antuco
2985
Fn. Guanacos
Cta. Ranquil
Curanilahue
Pta. Millonhue
Lebu
Co. Piedra
1341
Coihué
LOS ANGELES
Santa Bárbara
Los Barros
Angol
Mulchen
Po. Copahue
(1996)
Vn. Copahue
2980
Copahue
Loncopangue
Ralco
Cañete
P.N. Nahuelbuta
Cordillera de Nahuelbuta
Collipulli
Co. Pilquen
427
Cord. de Pemehue
R. Renaico
Vn. Callaqui
3164
L. Lanalhue
Contulmo
Los Sauces
Lumaco
Traiguén
R. Malleco
Termas de Pemehue
R. Biobío
R.N. Nalcas
Co. Butahuao
2578
Loncopue
(1700)
El Huecu
Co. de los Bueyes
2243
R. Agrio
R. Neuquen
Isla Mocha
339
Tirúa
671
Victoria
P.N. Tolhuaca
R. Cautín
Curacautín
R.N. Malalcahuello
Lonquimay
Co. la Grasa
1905
Bajada del Agrio
Las Lajas
R. Cholchol
Lautaro
Túnel Las Raíces
P.N. Conguillío
240
Liucura
Po. de Pino Hachado
(1884)
1758
Nueva Imperial
R. Imperial
Vilcún
R. Vilcún
Refugio
3124
Vn. Llaima
(1303)
Pto. Saavedra
TEMUCO
L. Budi
Melipeuco
Po. de Icalma
54
Zapala
Freire
R. Quepe
Teodoro Schmidt
Las Hortensias
R. Allipen
Co. Relem
2224
Laguna Blanca
P.N.
2839
Gorbea
Pitrufquen
L. Caburgua
P.N. Huarquehue
Nueva Toltén
R. Toltén
L. Villarrica
Co. Rucachoroi
Aluminé
Rahué
2296
Loncoche
792
Mehuín
Villarrica
Pucón
P.N. Villarrica
Vn. Villarrica
2847
Currarehue
Ofelia
Po. (1253) Mamuil Malal
Parque
Co. Rancahué
2060
Fn. 1° de Mayo
347
S. José de la Mariquina
Lanco
L. Calafquen
Panguipulli
Máfil
Vn. Lanín
3776
Carriringue
312
VALDIVIA
Corral
Pta. Falsa Calera
Niebla
R. Calle
Los Lagos
Panguipulli
(1123)
Pto. Fuy
L. Riñihue
Pirehueico
Nacional
L. Huechulafquen
Catán Lil
1406
Co. Picúnleufú
311
Junín de los Andes
Paillaco
Futrono
(659)
P.N. Alerce Costero
Hueicolla
Panamericana
La Unión
Pto. Llifén
L. Ranco
Lanín
San Martín de los Andes
1941
2437
Co. Azul
1147
Co. Corona
Piedra del Águila
R. Bueno
Río Bueno
Riñinahue
Lago Ranco
R. Caleufú
R. Limay
Bahía Mansa
Cunarno
San Pablo
Vn. Puyehue
2236
Co. Alto
2123
P.N.
Emb. de Alicura
Paso Flores
Puyehue
P.N. Puyehue
OSORNO
Entre Lagos
Correntoso
Confluencia
Co. Mallin Grande
1645
Lag. Blanca
104
Río Negro
215
226
(1314)
V. Encantado
P.N. Los Arrayanes
L. Rupanco
L. Nahuel Huapi
Purranque
Pto. Octay
Vn. Osorno
Pto. Rico
L. Todos los Santos
(1010)
Nahuel
Nahuel Huapi
Co. Anecon Chico
1495
Fresia
Frutillar
2652
Peulla
Llao-Llao
S.CARLOS DE BARILOCHE
Comallo
Pilcaniyeu
L. Llanquihue
Petrohue
3554
Mte. Tronador
518
Llanquihue
Ensenada
P.N. V.P. Rosales
Saltos
2225
1519
Pto. Varas
2002
Vn. Calbuco
Va. Mascardi
Co. Blanco
Co. Pichileufu
Co. Anecón Grande
2010
Los Muermos
PTO. MONTT
2164
Huapi
Cochamo
Río Villegas
Seno de Reloncaví
Bahía Maullín
Maullín
Can. de Chacao
Pargua
L. Chapo
P.N. Alerce Andino
La Arena
Co. Ventisquero
2285
Norquinco
Guabún
Ancud
Chacao
Calbuco
324
Puelche
109
P.N. Hornopirén
Hornopirén
R. Puelo
El Bolsón
La Trochita
Golfo de Ancud
Parque Pumalín
Co. Aguja
P.N. L. Puelo
El Maitén
Tres Cerros
1080
Cushamen
Isla
820
Quemchi
Is. Chauques
Vn. Huequi
2350
Epuyén
286
P.N. Chiloé
Dalcahue
Tenaun
I. Quinchao
Achao
1050
Pen. Huequi
2600
R. Chubut
Leleque
R. Chico
Sra. Huancacho
Castro
de
Chonchi
R. Reñihue
Parque Pumalín
L. Menéndez
Cucao
I. Talcan
Vn. Michinmahuida
2140
P.N. Los Alerces
L. Futalaufquen
Gualjaina
Queilén
Ensenada
2470
Esquel
50 km
Chiloé
Chaitén
Chaitén
2450
31.07 mi
Quellón
Corcovado
2300
Futaleufú
Trevelín
Cord.
Patagónica
ARGENTINA

D
E
F
128
130
Cucao
Isla de Chiloé
Chonchi
I. Talcan
Queilén
Ensenada Chaitén
I. Tranqui
Quellón
Vn. Michinmahuida
2470
Chaitén
Parque Pumalín
L. Menéndez
P.N. Los Alerces
2140
40
L. Futalaufquen
Esquel
2450
Trevelín
1
Vn. Corcovado
2300
2408
Pto. Cárdenas
Futaleufú
R. Futaleufú
L. Yelcho
R. Yelcho
2271
64
C. Quilán
I. S. Pedro
975
Golfo Corcovado
138
P.N. Corcovado
Co. Nevado
2042
Villa Santa Lucía
2160
Pto. Ramírez
2020
Corcovado
I. Guafo
240
483
7
5
Palena
Co. Barros Arana
2286
454
252
185
Pto. Raúl Marín Balmaceda
198
R. Palena
L. Palena
L. Grl. Vintter
Lago Vintter
271
Melinka
Is. Guaitecas
I. Refugio
Mte. Melimoyu
2400
R.N. L. Rosselot
Lago Verde
2040
1099
I. Chaffers
624
Archipiélago de los Chonos
Carretera Austral
Pto. Puyuhuapi
P.N. Queulat
2206
2108
2
Co. Steffen
1680
I. Level
C. Lort
I. Ipun
I. Cuptano
1660
Moraleda
P.N. I. Magdalena
I. Magdalena
Pto. Cisnes
Cisnes Medio
La Tapera
R. Cisnes
1845
Co. Dedo
Co. Mineral
2014
I. Benjamín
Ba. Adventure
218
I. Guamblin
P.N. Isla Guamblin
2030
Co. Alto Nevado
29
L. Fontana
925
L. Fontana
La Plata
1270
I. James
Can. Puyuhuapi
L. Yulton
I. Melchor
Mte. Macá
2960
Nev. de los Palos
1640
Pto. Aisén
Co. Ñireguao
Co. Colorado
1850
El Coyte
67
Res. Nac.
I. Isquiliac
I. Victoria
Co. Bayo
Va. Ortega
1860
Coyhaique Alto
3
(795)
Ba. Darwin
C. Darwin
I. Garrido
Pto. Chacabuco
1670
Nev. Cóndor
R. Simpson
R.N. Río Simpson
M.N. Dos Lagunas
50
Canal
I. Rivero
I. Traiguén
I. Humos
Coyhaique
Alto Río Mayo
3290
I. Romero
1515
98
L. Blanco
Balmaceda
I. Simpson
Las Guaitecas
Pen. Skyring
1372
R.N. Cerro Castillo
Co. Sin Nombre
2675
Co. Castillo
Meseta del Guenguel
I. Nalcayes
2615
Vn. Hudson
2250
Carretera Austral
Pto. Ing. Ibáñez
R. Ibáñez
330
Pen. Sisquelán
R. Presidente Ríos
Pto. Murta
2530
12
204
L. Buenos Aires
Península de Taitao
Mte. S. Valentín o San Clemente
Glaciar San Rafael
4058
Pto. Río Tranquilo
L. General Carrera
Chile Chico
Los Antiguos
4
75
Istmo de Ofqui
Co. Nyades
3078
154
126
R.N. L. Jeinemeni
Co. Jeinemeni
1791
Meseta del Lago B. Aires
L. del Sello
Pto. Sligh
C. Raper
Pen. Tres Montes
P.N. Laguna San Rafael
Campo de Hielo Norte
2600
Pto. Bertrand
R.N. Lago Cochrane
2726
Po. Rodolfo
Raballos
G. S. Estéban
C. Tres Montes
I. Javier
902
Co. Arenales
3437
Cochrane
Tamango
L. Cochrane
(738)
L. Chio
Golfo de Penas
191
L. Pueyrredón
1890
R. Blanco
79
Mte. S. Lorenzo o Cochrane
3700
L. Pasadas
Co. Belgrano
2380
Arch. Guayaneco
I. Wager
650
I. Byron
I. J. Stuven
1585
Caleta Tortel
R. Baker
133
Co. Hermanos
2070
(1200)
P.N. Perito Moreno
Ea. la Oriental
5
Pto. Yungay
I. Merino Jarpa
Po. Codorniz
2120
Co. Cumbrera
R.N. Katalalixar
Pen. Swett
Pen. S. Martín
Mte. Tetris
2280
C. Dyer
1311
I. van der Meulen
100
I. Prat
I. Serrano
I. Campana
Va. O'Higgins
Co. Hatscher
Tucu-Tucu
R. Chico
1950
I. Ofhidro
Mellizo Sur
Co. 3050
L. O'Higgins
Meseta de la Muerte
I. Aldea
Isla Wellington
Cordillera Patagónica
ARGENTINA
L. Cardiel
6
I. Esmeralda
Co. Pirámide
3380
Ea. la Federica
L. San Martín
Mte. Sigfried
1097
Pto. Edén
Mte. Jervis
1391
Paso del Indio
Seno Eyre
50 km
31.07 mi
950
I. Angamos
3536
Mte. Fitz Roy
3375
El Chaltén
Campo de Hielo Sur
584
40

A
B
C
1
2
3
4
5
6
129
584
372
Angamos
Mte. Jervis
Mte. Fitz Roy
3375
El Chaltén
Co. Cangrejo
2028
Campo de Hielo Sur
P. N. Acuerdo de 1998
Lago Viedma
Tres Lagos
R. Chico
La Leóna
A R G E N
Parque Nacional Los Glaciares
Bernardo O'Higgins
C. Murallón
3600
Co. Norte
2950
Co. Pintado
2347
Glaciar Upsala
Ea. L. Union
Charles Fuhr
R. Sta. Cruz
L. Argentino
Pen. Wharton
Isla Wellington
I. Mornington
C. Primero
Golfo Trinidad
I. Madre de Dios
I. Duque de York
C. Santiago
Bahía Salvación
I. Chatham
I. Hanover
I. Jorge Montt
I. Diego de Almagro
C. Jorge
Co. Peineta
2450
Co. Aiguilete
2438
Pto. Bajo las Sombras
El Calafate
Co. la Criolla
1074
Hotel el Cerrito
Meseta de las Vizcachas
Glaciar Perito Moreno
Co. Igle
1720
Co. Pináculo
2160
Ea. las Cumbres
Pen. Wilcock
13
Cord. Sarmiento
P. N. Torres del Paine
Glaciar Grey
Torres del Paine
R. Coig (Coyle)
Ea. Tapi Aike
Cerro Castillo
Is. Owen
Co. Balmaceda
2035
Co. la Campana
1350
Brazo Sur del Río
Río Turbio
1064
Co. Pta. Gruesa
Cueva del Milodón
Pen. Staines
Pen. Antonio Varas
Pto. Natales
Mte. Philippi
385
El Turbio
R. Gallegos
Pen. Roca
2011
G. Almirante Montt
I. Aníbal Pinto
Is. Rennell
I. Contreras
762
R. N. Alacalufes
Is. Chaigneau
Cord. Chilena
Morro Chico
360
Arch. Reina Adelaida
Mte. Burney
1768
Pen. Muñoz
Gamero
Co. Zanelli
884
I. M. Rodríguez
1285
Va. Tehuelches
Seno Skyring
Ea. Rocallosa
Ea. Invierno
C. Deseado
Estrecho de Magallanes
Isla Desolación
Mte. Hart Dyke
1097
Mte. Ladrillero
1665
Isla Riesco
Seno Otway
Pingüinera
Los Canelos
PUNTA ARENAS
Pen. Córdova
1189
Península Brunswick
R.N. Lag. Parrillar
Mte. Warton
1327
I. Núñez
I. Santa Inés
Mte. Victoria
920
C. Froward
I. Clarence
I. Cap. Aracena
I. Guardian Brito
Ba. Stokes
Is. Magill
Mte. Skyring
914
Canal Cockburn
4097
3954
OCÉANO PACÍFICO
200
2000
4000
I. Stewart
Is. Gilbert
50 km
31.07 mi

D
E
F
1
2
3
4
5
6
Cordón Alto
Mte. Sholl
306
Pta. Desengaño
Pto. San Julián
Gran Bajo de San Julián
R. Chico
20
47
Shehuen
146
Co. Pan de Azúcar
292
3
Ea. la Julia
Río Chico
80
Altiplano Barreras Blancas
Cmte. Luis Piedra Buena
Pto. Santa Cruz
Río Sta. Cruz
R. Sta. Cruz
I N A
55
337
Pta. Entrada
P.N. Monte León
Co. Mte. León
Bahía
Grande
64
86
206
141
Pto. Coig
Pta. Montes
125
Co. Sánchez
OCÉANO
ATLÁNTICO
117
R. Coig (Co.)
Coyle)
3
5
119
Güer Aike
R. Gallegos
Pta. Bustamante
Río Gallegos
40
129
R. Chico
3
Co. Convento
70
253
P. N. Pali-Aike
R. N. Lag. Azul
41
Ea. Monte Dinero
Pta. Delgada
Ba. Posesión
Pta. Dungeness
314
Co. El Ford
85
Estrecho de Magallanes
255
Ba. Lomas
Pta. Catalina
54
Ba. Felipe
67
Sombrero
167
75
M. N. Los Pingüinos
P. Gap
291
257
Sierra Balmaceda
58
Pta. de Arenas
Ba. S. Sebastián
Porvenir
600
S. Sebastián
Onaisin
Sierra de Carmen Silva
316
Co. Prat
Ba. Inútil
83
Ea. Camerón
Río Grande
Isla Grande de
R. Grande
C. Peñas
97
Tierra
Dawson
L. Lynch
Canal Whiteside
Ea. S. Justo
92
Pto. Arturo
L. Blanco
Vicuña
Seno Almirantazgo
Ea. Marina
del
Ea. Carmen
3
Tierra del Fuego
P.N. Tierra del Fuego
Tolhuin
Mte. Darwin
2488
L. Fagnano ó Cami
Cord. de Darwin
Ea. Policarpo
C. San Diego
P. N. Alberto de Agostini
Ushuaia
113
Fuego
Ea. María Luisa
Lapataia
Pto. Remolino
Pen. Mitre
Mte. Campana
1026
I. Gordon
Co. Aguja
Canal Beagle
Pto. Williams
1195
Ea. Moat
Estrecho de Le Maire
Ba. Aguirre
I. Londonderry
Isla Hoste
1204
Pen. Dumas
P. Navarino
Isla Navarino
I. Picton
I. Nueva
Is. Christmas
B. Nassau
I. Lennox
Pen. Hardy
Is. Wood
P.N. Cabo Hornos
Islas Wollaston
Is. Wollaston
Falso C. de Hornos
I. Freycinet
P. Kazer
I. Deceit
507
Cabo de Hornos
234

KARTENLEGENDE

Autobahn, mehrspurige Straße - in Bau Highway, multilane divided road - under construction		Autoroute, route à plusieurs voies - en construction Autopista, carretera de más carriles - en construcción
Fernverkehrsstraße - in Bau Trunk road - under construction		Route à grande circulation - en construction Ruta de larga distancia - en construcción
Hauptstraße Principal highway		Route principale Carretera principal
Nebenstraße Secondary road		Route secondaire Carretera secundaria
Fahrweg, Piste Practicable road, track		Chemin carrossable, piste Camino vecinal, pista
Straßennummerierung Road numbering	13 BR 230 1	Numérotage des routes Numeración de carreteras
Entfernungen in km Distances in km	259 130 129	Distances en km Distancias en km
Höhe in Meter - Pass Height in meters - Pass	1365	Altitude en mètres - Col Altura en metros - Puerto de montaña
Eisenbahn Railway		Chemin-de-fer Ferrocarril
Autofähre - Schifffahrtslinie Car ferry - Shipping route		Bac autos - Ligne maritime Transportador de automóviles - Ferrocarriles
Wichtiger internationaler Flughafen - Flughafen Major international airport - Airport		Aéroport important international - Aéroport Aeropuerto importante internacional - Aeropuerto
Internationale Grenze - Bundesstaatengrenze International boundary - federal boundary		Frontière nationale - Frontière fédérale Frontera nacional - Frontera federal
Unbestimmte Grenze Undefined boundary		Frontière d'État non définie Frontera indeterminada
Zeitzonengrenze Time zone boundary	-4h Greenwich Time -3h Greenwich Time	Limite de fuseau horaire Límite del huso horario
Hauptstadt eines souveränen Staates National capital	BOGOTÁ	Capitale nationale Capital de un estado soberano
Hauptstadt eines Bundesstaates State capital	BOA VISTA	Capitale d'un état fédéral Capital de estado
Sperrgebiet Restricted area		Zone interdite Zona prohibida
Indianerreservat - Nationalpark Indian reservation - National park		Réserve d'indiens - Parc national Reserva de indios - Parque nacional
Sehenswertes Kulturdenkmal Interesting cultural monument	*Uxmal*	Monument culturel intéressant Monumento cultural de interés
Sehenswertes Naturdenkmal Interesting natural monument	*Agua Azul Cascades*	Monument naturel intéressant Monumento natural de interés
Brunnen, Salzsee Well, Salt lake		Puits, Lac salé Pozo, Lago salado
MARCO POLO Erlebnistour 1 MARCO POLO Discovery Tour 1		MARCO POLO Tour d'aventure 1 MARCO POLO Recorrido aventura 1
MARCO POLO Erlebnistouren MARCO POLO Discovery Tours		MARCO POLO Tours d'aventure MARCO POLO Recorridos de aventura
MARCO POLO Highlight	1	MARCO POLO Highlight

REGISTER

In diesem Register sind alle im Reiseführer erwähnten Orte und Ausflugsziele sowie einige wichtige Namen und Stichworte aufgeführt. Gefettete Seitenzahlen verweisen auf den Haupteintrag. P.N. = Parque Nacional (Nationalpark)

SCHREIBEN SIE UNS!

Egal, was Ihnen Tolles im Urlaub begegnet oder Ihnen auf der Seele brennt, lassen Sie es uns wissen! Ob Lob, Kritik oder Ihr ganz persönlicher Tipp – die MARCO POLO Redaktion freut sich auf Ihre Infos.
Wir setzen alles dran, Ihnen möglichst aktuelle Informationen mit auf die Reise zu geben. Dennoch schleichen sich manchmal Fehler ein – trotz gründlicher Recherche unserer Autoren/innen. Sie haben sicherlich Verständnis, dass der Verlag dafür keine Haftung übernehmen kann.

MARCO POLO Redaktion
MAIRDUMONT
Postfach 31 51
73751 Ostfildern
info@marcopolo.de

IMPRESSUM
Titelbild: Gaucho (Look/Aurora Photos)
Fotos: DuMont Bildarchiv: González (11, 30, 67, 110 o.); Friedrichsmeier: Braunger (108); Getty Images: J. Reeder (98); Getty Images/Lonely Planet: Mccormack (Klappe r.); Getty Images/Photolibrary: Simoni (105); Getty Images/WIN-Initiative (18 M.); huber-images: F. Damm (12/13), P. Messina (41); © iStockphoto: Jessie Lee (18 o.); R. Jung (22); Laif: Back (28 r.), H. Mascot (36), H. Meyer (80), Raach (74), K.-H. Raach (83), D. Watts (39); Laif/Archivolatino: L. Moscia (7); Laif/Hemis.fr: J.-P. Azam (73); Laif/Le Figaro Magazine: Fabre (68/69), Fautre (86); Laif/REA: F. Perri (61); Laif/robertharding: Y. Levy (57), M. Nolan (109), M. Williams-Ellis (4 o., 32/33, 88/89); Laif/SZ Photo: J. Giribas (63); Look: M. Neumann (58); Look/Aurora Photos (1 o.); Look/robertharding (17); mauritius images: W. Bibikow (34, 47, 54, 95), W. Buss (25), C. Seba (77, 122/123), J. Ulmer (5, 102/103); mauritius images/Cultura/Ben Pipe Photography (2, 4 u., 30/31); mauritius images/Alamy: J. Elk III (42), E. Ereza (18 u.), E. Remsberg (101); mauritius images/Axiom Photographic: K. Levit (50/51); mauritius images/Cultura/JAG IMAGES (3); mauritius images/Food for Thought/Alamy (28 l.); mauritius images/Hemis.fr: C. Le Tourneur d'Ison (64); mauritius images/Image Source/REB Images (107); mauritius images/Image Source/Ryan Benyi Photography (26/27); mauritius images/imagebroker: C. Handl (48), B. Pfeifer (19 u.); mauritius images/John Warburton-Lee: P. Harris (29); mauritius images/Krystyna Szulecka Photography/Alamy (6); mauritius images/Lichterwerk (31); mauritius images/nature picture library: M. Hougaard (78/79); mauritius images/Prisma/Alamy (108/109); mauritius images/Radius Images (52); mauritius images/robertharding: M. DeFreitas (10), M. Williams-Ellis (19 o.); mauritius images/Tierfotoagentur: N. Schick (106/107); mauritius images/United Archives (14/15); mauritius images/VWPICS/Alamy: C. Kike (70); M. Sieber (1 u.); T. Stankiewicz (Klappe l.); Vision 21 (8, 9, 20/21, 45, 85, 106, 110 u., 111)

8. Auflage 2017
Komplett überarbeitet und neu gestaltet

Chefredaktion: Marion Zorn; Autor: Malte Sieber, Redaktion: Jochen Schürmann; Verlagsredaktion: Stephan Dürr, Lucas Forst-Gill, Susanne Heimburger, Nikolai Michaelis, Michael Silbermann, Kristin Wittemann
Bildredaktion: Gabriele Forst, Stefanie Wiese; Im Trend: wunder media, München; Kartografie Reiseatlas: © MAIRDUMONT, Ostfildern, Berndtson & Berndtson Productions GmbH, Fürstenfeldbruck; Kartografie Faltkarte: © MAIRDUMONT, Ostfildern; Gestaltung Cover, S. 1, S. 2/3, Faltkartencover: Karl Anders – Büro für Visual Stories, Hamburg; Gestaltung innen: milchhof:atelier, Berlin; Gestaltung Erlebnistouren: Susan Chaaban Dipl.-Des. (FH); Sprachführer: in Zusammenarbeit mit Ernst Klett Sprachen GmbH, Stuttgart, Redaktion PONS Wörterbücher

Printed in China

FSC www.fsc.org
MIX
Paper from responsible sources
FSC® C011918

BLOSS NICHT

Was Sie in Chile besser (ver-)meiden sollten

BEI ERDBEBEN IN PANIK GERATEN

Leichte Erdbeben sind häufig, meist aber kaum spürbar. Sollte es einmal stärker „wackeln", verlassen Sie auf keinen Fall panikartig den Raum oder das Gebäude, sondern suchen Sie unter dem Türbogen, notfalls unter einem Tisch Schutz. Vermeiden Sie die Benutzung von Aufzügen. Eine Taschenlampe sollte griffbereit sein.

POLIZISTEN GEGENÜBER RESPEKTLOS SEIN

Die *carabineros* lassen nicht mit sich spaßen und schon gar nicht mit sich handeln. Allenfalls können Sie auf einen „Gringo-Bonus" hoffen, wenn Sie in die Radarfalle getappt sind und nett bleiben. „Trinkgeldangebote" sind völlig fehl am Platz. Dafür können Sie im Notfall auf korrekte Hilfe rechnen.

PÜNKTLICH KOMMEN

Die Chilenen kommen zu Verabredungen gern eine Viertelstunde zu spät („der Stau!") und rufen grundsätzlich nicht zurück. Als geradezu unhöflich gilt es, bei privaten Einladungen pünktlich auf die Minute aufzukreuzen – mindestens eine halbe Stunde Puffer sollten Sie den Gastgebern einräumen.

SICH SELBST ÜBERSCHÄTZEN

Der Pazifik ist nicht die Ostsee, die Anden sind nicht die Alpen ... Jedes Jahr sterben Touristen, weil sie die örtlichen Gegebenheiten unter- und ihre Fähigkeiten überschätzen. Daher: Baden Sie nur in geschützten Buchten oder an Stränden mit grüner Flagge, und halten Sie respektvollen Abstand zur vielerorts tückischen Brandung! Gehen Sie nur mit ortskundiger Begleitung, guter Ausrüstung und ausreichend Vorräten ins Hochgebirge! Geben Sie vor Touren in einsame Nationalparks den Parkrangern Bescheid, wohin Sie gehen! Und nehmen Sie den Fuß vom Gas auf losen Schotterpisten ...

DAS KÜSSCHEN VERGESSEN

Chilenischen Frauen darf man oder frau bei der Begrüßung ein (und nur ein!) Küsschen auf die rechte Wange hauchen – egal, ob man sich kennt oder nicht! Bei förmlichen Anlässen oder großem Altersunterschied können Sie der Dame auch die Hand geben, oder beides zugleich. Männer untereinander begrüßen sich mit Handschlag, gute Freunde auch mit Schulterklopfen und Umarmung.

UNVORSICHTIG SEIN

Chile ist das sicherste Reiseland in Südamerika. Trotzdem können Sie Zielobjekt von Kleinkriminellen werden, die gern in Fußgängerzonen, vollen Bussen, dicht besetzten Cafés oder an belebten Badestränden zuschlagen. Tragen Sie keine Wertsachen offen mit sich herum, verstecken Sie Ihr Geld, tragen Sie Taschen im Gedränge vor dem Körper, lassen Sie Ausweise im Hotelsafe (führen Sie nur Kopien mit), leisten Sie bei einem Überfall keine Gegenwehr.